GABRIEL-BELOT

PEINTRE IMAGIER

par

MARC ELDER

avec 40 reproductions

ANDRÉ DELPEUCH, ÉDITEUR
51, RUE DE BABYLONE, PARIS
1927

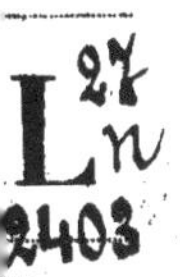

GABRIEL-BELOT

Cliché Bonney.

GABRIEL-BELOT

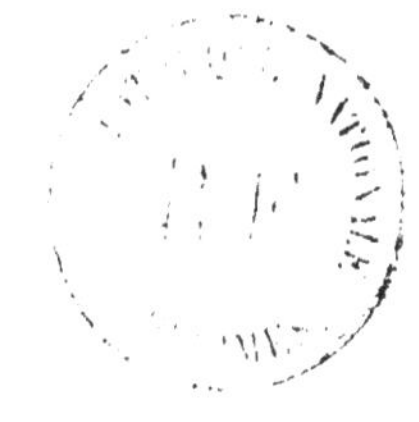

PEINTRE IMAGIER

par

MARC ELDER

avec 40 reproductions

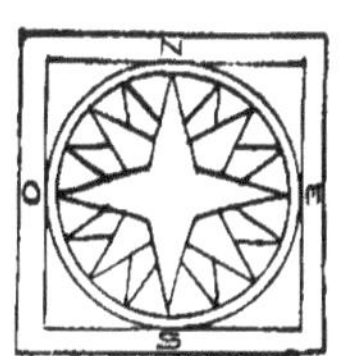

ANDRÉ DELPEUCH, ÉDITEUR
51, RUE DE BABYLONE, PARIS
1927

IL A ÉTÉ TIRÉ A PART
30 EXEMPLAIRES SUR PAPIER
MADAGASCAR, NUMÉROTÉS
DE I à XXX.

C'était l'automne sur le quai d'Anjou, mon cher Belot, quand je montai pour la première fois votre escalier. L'Ile Saint-Louis rendait l'eau comme le pont d'un navire ; les feuilles tombaient. Je connûs votre force à votre premier regard. Vos paroles bousculaient les cloisons étroites et fusaient en plein ciel, au delà des nuages. Un piano voisin écoulait en mineur des notes fluides, mélancoliques, que l'on cherchait du regard sur les murs où l'on s'attendait à les voir ruisseler. Après bientôt dix ans je me rappelle la courbe mélodique du thème, grêle, vieillot et doux, au milieu duquel vous ressortez ainsi qu'un portrait enjolivé d'une guirlande.

Vous aviez lu mon livre La Vie apostolique de Vincent Vingeame, *que je composai en souvenir de Van Gogh, mais à ma fantaisie. Les accents vous en avaient touché. Dans mon héros vous retrouviez vos aspirations, vos tendresses. Il fut le truchement de ce premier contact, qui ménage parfois tant de déceptions. C'est un travers fort plat de notre monde de rechercher l'homme dans un auteur, comme si l'on pouvait ignorer que l'artiste ne se révèle qu'à lui-même, les jours de grâce.*

Je pense du moins, que l'aventure ne vous découragea pas, puisque nous voilà bons amis. Pour ma part j'ai toujours goûté près de vous les toniques de votre confiance méritoire, car la vie ne vous fut pas clémente. Vous travailliez sans relâche, et, généreux de vos œuvres, vous m'avez comblé de ce viatique suprême de l'art qui nous permet le voyage.

Je vous dois trop de joies pour ne pas profiter de l'occasion qui m'est donnée ici de vous remercier. Pardonnez-moi les quelques pages que je viens d'écrire pour vous faire comprendre, vous faire aimer, si vous les jugez incomplètes. Elles partent du cœur. Ce peut être leur éloge — ou leur condamnation ! L'amitié, qui est un guide à la fois averti et partial, a le mérite, s'il n'en a d'autres, de réchauffer la critique. Acceptez la mienne les mains ouvertes, comme je vous l'offre mon cher Gabriel. L'Ange Annonciateur, dont vous portez le nom, proclame assez, pour tous ceux qui vous connaissent, les enfantements divins que vous nous réservez.

L'Adoration des Bergers. - Bois en trois planches. - 35×23.

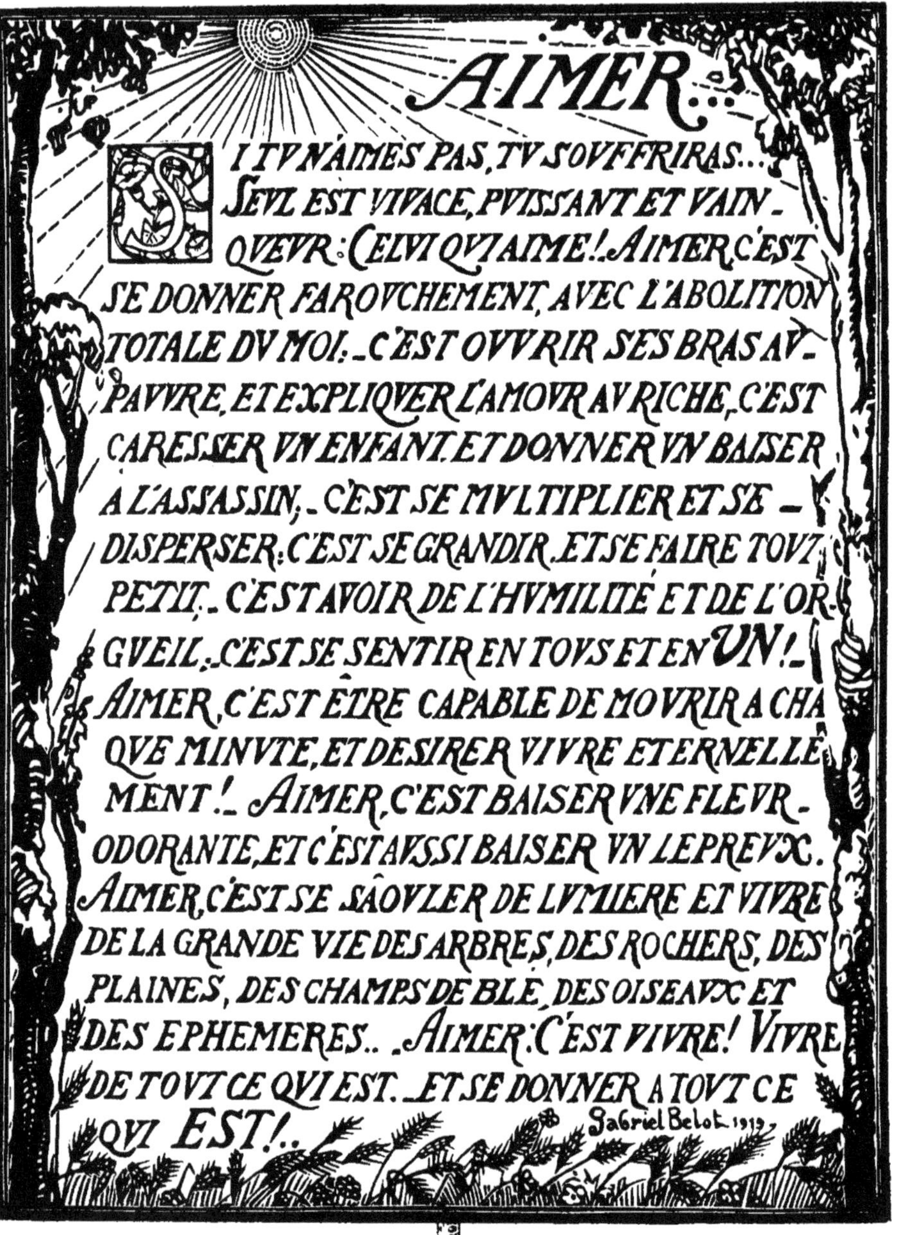

Credo. Page xylographiée 0,30 × 0,23.

Catalogue de la Société de la Gravure sur bois Originale.

I

La fenêtre n'a que quatre carreaux jaunis — on n'a pas le temps de les nettoyer tous les mois, — au travers desquels on aperçoit en face une autre fenêtre au-dessus des claires-voies d'un garde-manger. Une serpillère pend à un clou près du bidon à lait en émail, couleur d'outremer. Le pot à bouillon, qui a des fleurs peintes sur le ventre, ne paraît qu'à la fin de la semaine. Le mardi, la voisine tasse sur une corde sa lessive dont l'odeur fade est écœurante.

En levant la tête on peut voir un triangle de ciel. La plupart du temps il est tout gris comme de l'eau sale ou cotonneux comme une bourre. Mais, s'il s'ouvre, c'est un abîme plein d'un bleu à la fois dense et impalpable, joyeux comme un rire. Des nuages passent, tantôt dans un sens, tantôt dans un autre : ils ont l'air de sortir des toits. Il y a aussi des fumées qui barbouillent la belle clarté et, les jours de vent, se rabattent dans la cour.

L'enfant est là, le nez aux vitres, qui regarde. Il a dû monter sur une chaise car il n'a que trois ans. La dame d'à côté possède deux serins enfermés dans une cage. En s'écrasant la joue dans l'angle de la fenêtre, on peut les apercevoir sauter d'un barreau à l'autre et tourner leur petite tête mobile où l'œil est comme un clou. Leur gazouillis vient jusqu'à la chambre quand il n'y a ni dispute, ni joueur d'orgue dans la maison.

Le soleil se démasque brusquement de la cheminée qui a six pots à la rangette sur son sommet. C'est son heure. A partir du mois de mai il accorde à la vieille demeure un rayon quand il approche du zénith. L'enfant se précipite sur les pastels que les grandes personnes lui ont donné pour avoir la paix. Il les broie avec le manche d'un couteau, les écrase menu et lance la poudre dans la lumière.

Quelle merveille! Le soleil est rouge, bleu ou mauve. Les petites poussières, qui vivent dans les rayons, deviennent de toutes les couleurs et se dispersent comme une volée de feuilles dans la tempête. Encore une poignée, toute verte celle-là, qui fait naître des arbres, des

Le Pont Henri-IV, dessin à la plume, fait par Gabriel-Belot à l'âge de 7 ans.

pelouses! L'enfant trépigne, pousse des cris de joie. Grand mère entr'ouvre la porte, le joint en deux pas et lui administre une calotte.

— Petit imbécile! Quand tu auras fini de faire des saletés partout!

Gabriel pleure, le nez dans son sarrau. Il ne comprend pas qu'il souille la maison. Cela viendra plus tard. Pour l'instant il regrette les belles couleurs qui dansent devant les yeux et font plaisir. Il recommencera, sur les conseils de son instinct, parce qu'il n'est pas un enfant raisonnable.

C'est bien triste de n'être pas un enfant comme tous les enfants! On a des petits frères sur qui l'on cogne, des jouets que l'on démoli. Les jouets sont bêtes. Ils représentent des choses précises et peu variées : un chemin de fer, un bateau, un cheval, une poupée... Il faut bien les briser pour les adapter aux rêves de l'imagination. Les grandes personnes n'ont pas d'imagination. Leur univers est banal, défini. C'est pourquoi elles ne comprennent pas les enfants, surtout ceux qui inventent des jeux stupides comme écraser des pastels ou faire des trous dans un papier pour regarder le soleil au travers.

Gabriel Belot reste de longues journées enfermé là-haut, dans la chambre close. Papa est à l'atelier, les femmes ont le ménage. Mais les enfants pauvres savent bien se garder tout seul ce qui est déjà une supériorité sur les petits riches qui ne peuvent respirer sans leur bonne.

A vrai dire il ne remue pas beaucoup. Il est maladif et

aime à contempler les objets brillants dont l'éclat vous fait une musique dans la tête. Maman le secoue avec humeur, prétendant qu'il est endormi. Alors il se trémousse, galope du buffet à la table pour faire plaisir à maman. Aïe! Grand mère le cueille au vol et lui tord le bras. Il paraît qu'il n'est qu'une brute et qu'il va tout casser dans la maison!

Mon Dieu comme il est difficile de satisfaire à la fois grand mère et maman! Heureusement il a son ami le soleil qui glisse doucement sur la coulée du toit et frappe la troisième lame du plancher à gauche. Aussitôt le bois devient clair comme de la confiture d'abricot. On a envie de le manger. Tiens! dans le soleil les doigts sont transparents et cernés d'une petite buée rose...

L'enfant découvre lentement les miracles de la lumière. On cligne des yeux et les rayons se multiplient. Quand on le regarde en face, en cillant, le soleil chauffe agréablement le visage et allume des milliers de petits feux multicolores autour des paupières. En voilà pour des heures à s'amuser! Il suffit de suivre le soleil qui marche vers la droite, du côté des fils du télégraphe.

Il y a aussi un autre jeu bien attrayant. On prend une épingle et l'on pique le contour des messieurs et des dames représentés sur les catalogues. On les élève ensuite dans le rayon qui les transfigure. Les plus jolis sont les bonshommes peints sur les couvertures. Au reste, ce jeu est dangereux, car maman n'a jamais senti la féérie de cette invention et elle réprouve, d'une façon générale, les détériorations.

Un jour ce fut plus beau. Tout un faisceau de couleurs naquit au coin de la glace, sur la cheminée. Il y avait du

La première dent. Dessin au pinceau.

rouge, du vert, du bleu, du mauve, comme dans les pastels. Cela disparaissait ou reparaissait chaque fois que Gabriel bougeait la tête. Tout à coup l'arc-en-ciel s'éteignit. Mais quand elle rentra, une heure plus tard, grand mère trouva l'enfant bouche bée devant la glace, ce qui la confirma dans la pensée d'avoir un idiot pour petit-fils.

Un idiot, c'est un enfant qui n'obéit jamais, qui baye aux corneilles toute la journée et qui a le nez en l'air. Voilà : Gabriel a le nez en l'air! Ce n'est pas sa faute, bien sûr, mais on lui en veut tout de même. Si on perdait son temps à chercher en toute chose la responsabilité d'un chacun, il n'y aurait plus moyen d'exercer l'autorité, ni la justice! Les papas, les maîtres, les juges seraient bien ennuyés. Gabriel a le nez en l'air et c'est très condamnable.

Ses camarades de l'école sont bien de cet avis. Gabriel les aime pourtant, comme il aime les serins de la voisine, la chatte de la concierge, les bons chiens qui vous flairent les jambes dans la rue. Ses camarades sont vivants et ils ont de jolis cheveux blonds. Il voudrait bien rester près d'eux, même sans parler, dans le silence amical qui tient chaud. Il leur apporte des figues, des raisins secs qu'il dérobe à l'étalage de l'épicier, moins pour acheter leur clémence que parce qu'il est doux de faire plaisir. Mais il a le nez en l'air, il est faible. Les galopins le briment. L'instituteur le traite ouvertement de crétin parce qu'il dessine sur ses livres de classe.

Il cachait pourtant bien ces premiers gribouillages, se doutant que c'était mal de dessiner. Les grandes personnes ne dessinent pas. Elles se servent des objets usuels sans leur accorder un coup d'œil. La carafe a de beaux reflets d'argent qui se déplacent dans son ventre; le pain

L'Enfant au lit, dessin rehaussé d'aquarelle.
Appartient à M. D'ALIGNAN.

est tout en or, ou blond comme les cheveux des petites filles ; les pommes sont bonnes à croquer à cause de leur jus frais et piquant, mais aussi belles à voir dans leur peau écarlate... Gabriel s'efforce depuis longtemps de reproduire leurs formes fragiles, au crayon, au pastel, ou avec des bouts d'allumettes trempés dans l'encrier.

Les personnages des catalogues ne l'intéressent pas, si ce n'est pour faire de la lumière autour. Ce sont des morts, tout à plat sur une feuille de papier, et il n'a pas même l'idée de les copier. Il va directement à la vie, d'instinct, sans savoir pourquoi. Le dieu que les ancêtres ont porté, nourri inconsciemment pendant de longues existences, s'éveille enfin. Il a déjà saisi et guidé la main de l'enfant.

Le professeur de dessin l'a remarqué et s'étonne. Où ce gamin prend-t-il tant d'inspiration, de sûreté?... Non, il n'a jamais eu de leçons. Il trouve cela en lui, dans sa petite âme qui est pleine d'amour pour toutes les bonnes choses de la terre. Il est fier parce qu'on le félicite et heureux d'être encouragé. Maman sera bien heureuse aussi sans doute. S'il n'apprend rien en classe, du moins il est le premier en dessin.

Hélas! maman a un gros désespoir. Elle sait, car les mamans savent tout, que le dessin ne sert à rien. Cet enfant est une punition du ciel. Malingre, rêveur, ignorant, obstiné à des efforts vains, le nez en l'air, il désarme même l'indulgence ! On tient conseil, on cherche un moyen dramatique de le frapper, de le réduire aux voies saines de l'éducation traditionnelle. Avec la complicité du concierge, une comédie est machinée.

C'est un soir, à la tombée du jour. Dans la cour les serins se sont tus. Comme la voisine lave, l'eau grogne de temps à autre dans les tuyaux. Maman prépare un petit paquet où elle met du pain, du chocolat. Elle explique posément qu'elle ne peut garder plus longtemps un fils qui est sa honte. Il va partir, prendre le train. La gare de Lyon est à vingt minutes de marche : il connait le chemin. Voici une collation pour la route et le billet.

— Allez, monsieur, je ne veux plus vous voir!

Gabriel a neuf ans, mais il est résigné aux coups du sort. Il descend l'escalier ténébreux sans broncher, le cœur gros. Dans la rue les passants flottent déjà comme des ombres. Le gaz s'allume, les maisons grandissent. On lui a dit d'aller : il va. Le faubourg grouille autour de lui, dégage une odeur lourde de poussière, de relent et de lait corrompu. On mange beaucoup de fromage et de charcuterie dans les quartiers populaires. C'est l'été. A califourchon sur une chaise, des hommes en bras de chemise fument en humant les pestilences.

Gabriel tourne, revient sur ses pas, change de rue, s'embrouille. Il est très malheureux de ne pas découvrir la gare. Il serre son petit paquet et marche. Il a très chaud. Tout à coup un boulevard s'ouvre avec un beau cordon de lumière jaune. De ci, de là, des globes électriques répandent sur le sol une lueur bleue lavande. Les arbres ont l'air en carton. Des femmes se promènent en arrêtant les messieurs. Gabriel s'assoit sur un banc et pleure.

Un agent l'a ramené, tard dans la nuit. Toute la maison était bouleversée; les voisins couraient à sa recherche. Le concierge, qui devait l'arrêter quand il est parti avec son faux billet, ne l'avait point aperçu tant il est sorti discrètement. La leçon a frisé le drame. Chacun défend

Bois de Gabriel Belot.

Menu pour la Société Artistique de la Gravure sur bois.

sa bonne foi avec véhémence. Gabriel reçoit une belle fessée pour lui apprendre!

La vie n'est pas drôle, mais il paraît que c'est ainsi. Le père vient de mourir, étouffé par l'entassement des maisons mornes, l'oppression des rues où l'on ne voit jamais un nuage tout entier. C'était un homme des champs, simple et droit, venu de Bourgogne à Paris un jour que le mirage de la grande ville a opéré. Le regret des beaux arbres jaillis dans les horizons libres l'a tué.

Heureusement, il y a grand père.

Grand père est un vieux bonhomme que l'on traite d'original. Il exerce, avec une grande maîtrise, son joli métier de doreur sur cuir. Tous les livres, qui lui passent par les mains, ressortent fleuris de fers, de dentelles. Il aime les musées et il aime la campagne, idées singulières quand il y a les cabarets où l'on est si bien le dimanche. Il emmène Gabriel le plus souvent possible : c'est un bon débarras pour tout le monde!

Comme la campagne des fortifications paraît belle aux pauvres gens! Les talus ont la pelade et partout fourmille une insupportable poussière qui assèche la gorge. Des chiens fourragent dans les papiers gras; les mouches butinent des tas d'ordures. Là-bas, en banlieue, les cheminées montent près à près, comme des colonnes sous la voûte de suie. Tout de même on trouve de l'herbe grise, des accacias, des ormeaux et des platanes au tronc réséda, lisse comme une peau de bête.

Grand père s'arrête longuement devant les arbres. Il les contemple depuis le pied jusqu'à la cime et dit :

—Regarde, petit, comme cet arbre est grand!

Au Louvre, il ne parle pas au contraire. Il épuise très lentement chaque salle l'une après l'autre. Evidemment il éprouve du plaisir car son visage est tout en lumière, mais il ne semble pas pouvoir l'exprimer. Gabriel n'ose l'interroger. Des noms jetés au hasard et une série

L'Atelier, bois camaïeu 0,24 × 0,19.

d'images merveilleuses se gravent dans sa mémoire : Giorgione tout trempé d'or voluptueux, Titien rayonnant des gloires de la Venise marchande, l'éblouissement de Véronèse, Rubens, Fragonard et celui-là nommé Chardin, qui vous confie des choses si intimes qu'on se sent parfois envie de pleurer.

Les primitifs sont les plus grands amis de l'enfant. Ils rendent la vie directement, sans détours. Un amour fervent brûle dans leur cœur pour toutes les belles créations du bon Dieu. Ils sont gauches parce qu'ils ne savent pas, mais leur âme a des résonnances infinies. Ils aiment comme on n'aimera plus après eux, sauf quelques immenses poètes, Rembrandt. Gabriel ne peut s'arracher de cette petite toile sur laquelle est peint le philosophe en méditation. La lumière irradie d'un soleil qu'on ne voit pas au dehors ; un escalier monte au travers des ténèbres supérieures, en spire large et qu'on dirait sans fin. Où monte-t-il ?

La tête ardente, lourd de visions, l'enfant s'endort, lorsque grand père l'a ramené le soir, harassé, brisé, content. Être un artiste! Être un artiste! Ces trois mots dansent la sarabande au milieu de son sommeil parmi des seigneurs multicolores, des baigneuses nacrées, des frondaisons en volutes et toute une théorie de portraits qui ont des yeux inquiétants, barrés de secrets. Être un artiste! Animer la matière, recréer le jour joyeux, inventer des scènes qui touchent, peindre les choses fraternelles...! Être un artiste!

Depuis l'aventure tragique où il a eu la révélation de

la nuit, Gabriel ne dessine plus que des reverbères, des maisons ténébreuses, des lueurs qui tremblent au fond de l'ombre. Mais un jour il découvre dans un livre le visage d'un Christ si beau de douleur que l'envie le prend de le reproduire. Le pot-au-feu chantonne sur le fourneau à gaz. De temps en temps un bouillon déborde, crépite sur les tôles brûlantes. Gabriel s'applique et l'émotion le gagne à copier la souffrance du supplicié. Maman survient à pas de loup. Une horrible odeur de gaz empeste la chambre ; la marmite ne bout plus. Gabriel pleure silencieusement sur son dessin.

Ah! comme il a été puni ce soir-là!

Dans la grande maison ouvrière, dont les trois corps se serrent près à près autour du puits fétide des cours, il n'y a pas beaucoup de joie. La pauvre chair humaine, réduite aux soleils de l'alcool, aux illuminations du rut, pourrit à l'étroit dans le relent des sueurs hebdomadaires, les ténèbres et le grouillement larvaire de sa fécondité. Pas d'air, pas de lumière, pas de verdure. En face, une autre fenêtre chargée de serpillères, de vieux pots, de lessive. La misère regarde la misère, sans échappée...

Eh! si, pourtant, ce pan de ciel, là-haut, dans l'angle des toits! Les nuages s'effilochent ainsi qu'une chevelure à travers le hérissement des cheminées. Ils sont légers et arrondis comme des nefs, ou bien moutonneux comme des laines cardées. Ils passent d'un glissement fluide, noble. On ne sait pas où ils vont, mais ils emportent les cœurs aventureux — le cœur de Gabriel — et c'est délicieux. Ils sont toute la joie dans la maison triste. L'enfant les aime et aussi ce trou d'azur, parfois si bleu, qu'il tente la peau comme une eau vive.

Mais parce qu'il a laissé le fourneau s'éteindre et refroidir le pot-au-feu, Gabriel est enfermé quarante-huit heures dans le placard.

Annuaire de la Société de la Gravure sur bois Originale.

Le Chemin de mon pays, de KER-FRANK-HOUX, Edition Ariste.

II

Brusquement ce fut l'éclairci au seuil de l'adolescence. Un parent l'emmenait en Auvergne pour les vacances. Il connut la campagne.

Elle lui apparut d'abord comme un monde féérique. Mais très vite la vieille sève bourguignonne de ses artères se mit à l'aise sous les grands châtaigniers. Il tâtait les choses avec un étonnement familier. Puis sa jeune vie, contrainte par les sévérités et la ville, se dilatant, il rentra dans la nature pour s'épanouir comme une graine.

Aux champs, on se lève dès l'aube pour traire les vaches, libérer les poules, servir la terre. Le matin est encore mal débarbouillé qu'on met le nez dehors, sanglant les bretelles et battant des paupières. L'air vif pétille au visage comme une coupe de champagne. Les poumons sont frais, la peau se ride, les muscles s'amplifient. Une

4

joie tombe du ciel où préludent les cuivres du soleil. Les merles bavards se chamaillent, le rouge-gorge fouille le sillon.

Gabriel est sur le chemin au chant du coq. Pieds nus, gorge découverte, il court dans la rosée lumineuse en compagnie d'un griffon aux yeux doux. Le sentier enlace les gras pâturages où l'herbe, dense comme l'eau d'un lac, se couronne de buée. Les troupeaux répandent leurs taches d'ocre jusqu'à l'horizon. La chaîne des puys mamelonne les lointains. De l'or fond dans les vapeurs blanches qui se dilatent et s'enlèvent là-bas, sur les sommets.

Quelle joie de faire la barrique en se laissant dévaller sur la pente de la prairie! On roule, à demi étourdi, caressé, chatouillé, piqué par les flouves, les séneçons, les cirses. De la terre s'accroche dans les cheveux et tout un carnaval de couleurs éblouit l'œil. De près, l'herbe semble une forêt où grouille un peuple affairé, formidable : cicindelle embarrassée de ses longues pattes, carabes, coccinelles, fourmis... Le sol n'est qu'un mouvement, qu'une musique. Grillons, criquets, jouent des cymbales à qui mieux mieux et la terre vibre comme une chanterelle.

Des jeux? Il y en a à l'infini! Piquer les grillons à l'aide d'un brin de chaume ; dénicher, aux creux des vieux chênes, les lucanes qu'on attelle aux voiturettes de carton ; débourrer les sureaux pour confectionner des pétoires ; sculpter les glands ; barrer les ruisseaux ; assembler des moulins ; lancer des pierres ; courir, sauter, bêcher, grimper aux arbres...

La Sortie de la Forêt. Bois au canif, 0,39 × 0,27.

Dans ce pays les arbres sont immenses et d'une hauteur qui ferait se récrier grand père. Ils vivent généralement en compagnonnage, graves, nobles et bien groupés, comme s'ils savaient que leur masse importe à l'harmonie du paysage. Une pourriture féconde, d'où émerge la calotte brune du bolet, colle aux semelles sous leur futaie. Voici le saule léger couleur d'un jour mélancolique, les tilleuls qui montrent au vent leurs dessous blancs de jolie femme, des accacias que juin accable de fleurs. Et puis les souverains magnifiques : les châtaigniers et les chênes.

Partout l'écale verte des châtaignes éclate sous les branches basses, longues et tortueuses. A la floraison, dont les chappes jaunes submergent le feuillage, les vallées sentent l'amour. Il pleut des sèves ainsi que dans le vieux mythe d'Onan. L'atmosphère s'alourdit, poisse à la peau, chauffe les cervelles. Les génisses caracolent au pacage, la brebis bêle, et le taureau fumant laboure, de son front d'airain, le tronc paisible des arbres en gésine.

C'est la vie éternelle, pareille dans son miracle depuis les âges du premier refroidissement. L'enfant la boit sans la goûter, la saisit sans la comprendre. Elle entre en lui, comme ces crues qui engraissent un pays pour le cycle complet des germinations. Elle pénètre sa peau qui se colore, son thorax qui s'élargit. Toute la force populaire, encore vierge et à peine anémiée, se réveille, s'embrase. Il mange comme un ogre, lampe de grands coups de piquette, dort à poings fermés.

Les repas ne le retiennent pourtant point à la maison. Il emporte l'écuelle de soupe, la platée de lait caillé sous la haie où il s'installe au frais, les genoux au menton. Poules, chats, chiens lui font cortège. On barbotte en amis dans la même gamelle, ou bien on se montre les dents. Les poches gonflées de châtaignes blanchies, il galope à longueur de jour en grignotant. Quand on est las, le foin est bon pour dormir!

Bonne nature, tu n'es pas une duperie comme l'affirment de trop simplistes désabusés. Parce que tu ne réponds pas à notre amour et demeure froide devant nos souffrances, on t'accuse faussement de cruauté. Mais la consolation n'est ni dans les hommes, ni dans les dieux. Ceux-ci n'existent que par les imaginations de la foi ; ceux-là ont ajouté la haine à l'indifférence. Tu nous ignores? Qu'importe ! Nous participons à ta vie par notre chair, fragment de cette matière corruptible qui est ton principe. La féerie de tes saisons, ton soleil fécond en prodiges, le gouffre de tes constellations, la rivière virginale, l'arbre plein de hardiesse ébranlent notre cœur, suscitent les poètes. Si l'amour glorieux, père des chèvre-pieds et des nymphes, hante jusqu'au moindre de tes brins d'herbe, c'est pour l'épanouissement de nos artères, l'exaltation de notre esprit. Bonne nature, féroce et tendre à côté de nous, merci pour avoir engendré le mensonge réconfortant de l'art, unique appui dans l'humanité solitaire.

Gabriel Belot a sucé sa mamelle un mois, deux mois peut-être! Il suffit. Un monde d'images s'est obscuré-

L'Orage. Bois au canif. 0,45 × 0,31.

ment gravé en lui. L'empreinte a marqué sur le don que l'adolescent détient sans le savoir. La terre s'est installée dans l'homme de façon à nourrir l'artiste au cours de son existence.

Il rentre à Paris. Dès la banlieue lépreuse et sordide la Ville le prend à la gorge. Un soleil rouge s'abîme dans les fumées comme un navire en feu.

Pour un Menu de la Société Artistique de la Gravure sur bois.

Le Canal, dessin rehaussé d'aquarelle.

La Route à Morez (Jura), dessin Sépia
Appartient à M. D'ALIGNAN.

Bois pour un ouvrage sur M. de Chateaubriand, du Dr Le Savoureux.

III

Quinze ans! A cet âge là les enfants du peuple vont, comme l'on dit d'une expression si pathétique, gagner leur pain. Les Belot ne sont pas riches, ni soucieux des goûts du jeune homme. On va au plus court. Une fabrique de papier gronde aux environs. Gabriel entre à l'usine.

J'ai là, devant ma table, un vieux cadran de bois. Il date sans doute de Louis XVI. On y trouve le perlé de l'époque parmi une décoration qui rappelle plutôt l'âge du Bien-Aimé : guirlandes, cornes d'abondance, colonnettes fleuries. Au centre deux enfants mènent un jeu symbolique : appuyé sur une tête de mort, l'un souffle, par dessus le sablier, des bulles de savon que l'autre crève à coups de flèches. Mais pour atténuer la sévérité de l'image, au sommet, dans un médaillon, un jeune éros dévoile une belle dormeuse dont les seins et le visage s'épanouissent de contentement charnel : *carpe horam!*

Le vernis Martin tient encore. Il est distingué, chaud dans ses tons, le vert, le bleu, le rouge surtout dans lequel on semble avoir broyé de l'or. Le cadran proprement dit a pris une patine d'ivoire caressante à l'œil. La dorure se meurt sans ternir. L'ensemble est harmonieux, agréable sans surcharge, sûr dans la proportion, noble dans le dessin, d'une perfection intelligente qui charme et qui repose.

Voilà du travail manuel. Un homme, de ses mains a saisi le bois, l'a poli, découpé, y a porté la gouge, le ciseau, avec patience, et lentement, sans hâte, sans souci non plus de mesurer son temps, il a poursuivi l'œuvre. L'esprit veille au-dessus de l'ouvrage ; l'œil dirige. Pas un copeau qui ne soit médité. Il emploie des poncifs mais les applique avec une minutie consciencieuse. La sûreté de son geste, fruit des longs apprentissages, et l'éveil des formes belles le comblent d'une joie intérieure. L'amour réchauffe la création : l'humble coup de pouce d'un artisan grave un peu de cette vie humaine que l'on tressaille de retrouver, à des siècles de distance, dans la pâte d'une faïence, les nervures d'un panneau.

Les Voyages de Psychodore, de HAN RYNER. Edition G. Crès et Cie.

Vieux rêve, dites-vous, passé aboli! Je le connais pourtant ce bonhomme. Sa boutique s'ouvre tout en haut d'un faubourg de province. Elle est fleurie de géraniums qui grimpent sur de petites échelles de bois et d'un couple d'arums. La cuisine donne au fond et la ménagère passe et repasse devant la porte. Comme sa vue baisse avec l'âge, souvent elle approche de la rue pour nettoyer une salade, étriper un poisson. On vit dans l'odeur réconfortante des fricassées, de la colle, du chêne âcre, des sapins résineux.

Le vieux est à l'établi, le nez chevauché, tout à l'extrémité, d'un lorgnon branlant. Au mur s'alignent les presses, les scies à refendre, à chantourner, les égoïnes. Et voici, serrés à la rangette sur l'étagère, bouvets, guillaumes, rabots, et les longues varlopes dont le cormier lustré luit dans la force de leur rigidité géométrique. Elles connaissent la main du maître, cette main maigre, vive, qui ne sait pas trembler. Ah! que j'aime le voir, le bon ouvrier, pousser le rifle d'un mouvement parfait, souple, précis, fort! Les copeaux, se dévident : acajou couleur de gelée de coin, ébène qui sent le poivre, noyer grisâtre ou marronnier blanc aux tons de lait caillé. Il adore le bois, le palpe, le caresse. Il ne lui fait jamais de mal : son trait est net, ses assemblages étroits, ses joints invisibles. Il le marie par famille avec une entente consommée, le ponce, le cire avec un tel art qu'il en fait apparaître le cœur merveilleux sous des transparences onctueuses.

Il n'est pas seul! Le forgeron habite plus bas. C'est un

homme ascétique, au teint rouillé, aux bras noircis. Dieu que sa main est intelligente! Le lopin tiré à blanc de la forge vire sur l'enclume au bout de la pince. Il frappe. Chaque coup marque le fer aussi sûrement qu'un pouce dans la glaise. Le marteau monte, s'appesantit, s'allège, écrase, frôle, cogne d'aplomb, de biais, de coin, tandis que la bigorne sonne aux contre-coups. C'est un plaisir altier de voir le métal plier, s'arrondir, s'étendre sous l'effort plein d'expérience. Un plongeon au baquet : la vapeur fuse, grésille Voici la pièce irréprochable, roux bleuâtre, avec les foulures innombrables qui l'ont arraché au néant écarlate.

Travail manuel, la plus belle chose du monde, qui allie en soi les qualités de l'esprit et de la matière! Ces mains que tu balances inutiles, maintenant que tu n'es plus dans la nécessité de fouiller la terre ou de brandir le silex pour te nourrir, peuvent devenir adroites, puissantes. Tes muscles vont s'enrichir d'élasticité, d'ampleur. L'outil sera dans ta paume comme un pouvoir divin. Regarde ta main? Fine, déliée, propre à saisir, à sentir, à voir, tu la relègues aux besognes atrophiantes ou tu l'égares dans les voluptés secrètes. Tu tiens à tes ongles? au velouté de ta peau? Tu en fais une courtisane et tu t'en vantes : elle attendait d'être un héros.

Ne le dissimulons pas : le temps des artisans est mort, mes vieux amis vont passer! La guerre a définitivement assise la royauté du nombre. Les grands troupeaux bougent en quête de domination, de jouissances, de représailles. L'inaccessible temporel remplace les éternités

Le chemin de la biche. Bois au canif, 0,65 × 0,41.

périmées. Le peuple marche derrière une nuée depuis les commencements du monde. Mais aujourd'hui l'individualité cède à la masse, s'enlize, s'efface. La collectivité ne te permets plus de penser, de travailler solitaire, de cultiver la fleur de ton cœur, l'art de tes mains. Rentre dans le rang : voici la caserne, les ordres, ton drapeau. Avance flanc à flanc avec les autres bêtes. Le plus faible réglera ton pas, ta voix, et ton âme ne sera qu'une vague dans l'immensité des vagues.

L'usine sied aux temps grégaires : murs de prison, cloches, rythme militaire, puanteur de la vie coude à coude où s'effondre toute conscience, mécanisme de spécialisations, abrutissement... Jusqu'au jour où tu n'y passeras qu'une heure, le linge net, l'œil sur un cadran, les doigts au levier, tu connaîtras le poids des besognes régimentaires où l'esprit s'enfume sur des gestes rares. *L'Homo faber* a vaincu *l'Homo sapiens*. Digestions de cinéma, bals syndicalistes, chienlits tricolores ou en bonnet rouges, quelles conquêtes! Mais où sont les cadrans harmonieux, les bois bien travaillés, cette beauté perdurable qu'enfante la main recueillie?

Gabriel connaît l'engloutissement, l'abîme empoisonné des fabriques. Mais c'est au moment qu'il y roule, qu'il semble à tout jamais perdu, que la voix intérieure s'éveille et parle. S'il peine le jour pour gagner le pain quotidien, il lui reste du moins la nuit pour libérer son âme. Le soir, il reprend ses crayons, les couleurs, le burin même qu'il commence à manier en tâtonnant. Le sang de ses ancêtres, campagnards acharnés et entendus, artisans probes, le sang de ce grand père Bonpain, qui exerçait si joliment le métier de doreur sur cuir, le conseille. Il goûte la qualité des belles matières habilement façonnées, il sent obscurément la valeur d'un effort manuel bien suivi. Tout ce qu'il y a en lui de peuple — je veux dire ces gens-là qui ont des bras e' s'en servent pour bâtir dans la foi, — bourgeonne à la sourde, l'anime avec noblesse. Il ne faut pas s'y tromper : Gabriel Belot restera bon ouvrier, qualité à la fois sublime et simple, si rare! Par delà les machines ce jeune homme a renoué la tradition des purs artisans dans le labeur inspiré de ses veilles.

C'est, maintenant, un colosse, haut, large, coloré, avec des bras redoutables. L'enfant chétif a démasqué l'athlète, et l'usine le redoute. Il vit seul, à l'écart. Il attend le soir, son soir. Or voici un ami qui vient à lui, les mains pleines. C'est un petit mécanicien, timide, pâle. Qu'apporte-t-il à l'ami? Un livre, un petit livre d'images, une édition populaire : Rembrandt.

Ah! la communion miraculeuse! Le maître émouvant de la lumière et du drame humain, pour qui la peinture n'a été que prétexte à déchiffrer le mystère, s'en vient, par delà les siècles, toucher ses hommes parmi les esclaves! Les voyez-vous, nos jeunes gens, penchés l'un sur l'autre et isolés à deux, pour dérober des instants au tumulte, dans ce divin pays de l'art où il n'y a pas de mort? C'est Emmaüs, c'est le Philosophe, le Bon Samaritain, Mathieu et l'Ange, le Menuisier, les Drapiers, les portraits, les vieilles femmes, c'est Rembrandt qui les émeut, les illumine et les unie dans le silence, car ils ne savent que recevoir sans démêler, leçon mordante, féconde, dont Belot est retourné comme la terre par le soc des charrues.

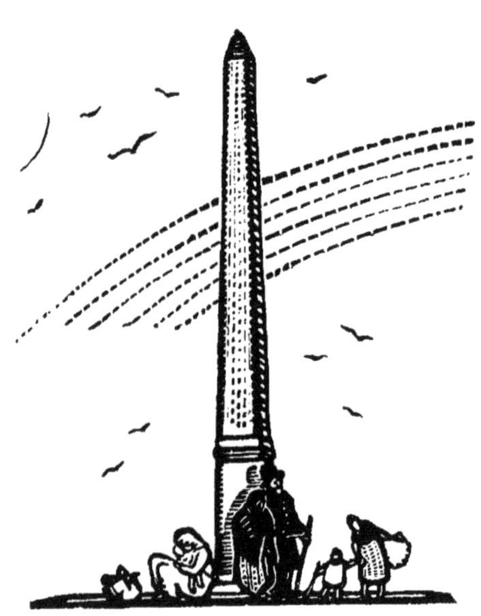

Voyage de la rue des Ecouffes à la rue des Rosiers.

Le Chemin, de Ker-Frank-Houx.

IV

Désormais l'œuvre de Gabriel Belot suit le cours de sa vie et l'émancipe à la longue. Un trop plein de sève soulève l'artiste : il déborde. Tout moyen d'expression lui est bon : la plume, le pinceau, le crayon, le bois... Il traduit tout ce qu'il voit : des types qui scient des pierres, un gosse qui suce son pouce, la concierge, trois arbres, la maison du coin, l'enfant craintif, les amoureux, la femme qui va au cimetière...

De 1911 à 1914, le hasard des émotions lui dicte une série de dessins, de peintures, de gravures dont un grand nombre sont de premier ordre, si bien qu'on ne sait de quand dater son œuvre. Avant même de prendre conscience de ses forces, Gabriel Belot jette ses fruits comme un arbre surchargé. La guerre ralentit sa création, ne la brise pas. En 1917 il accomplit ce tour de force de publier

L'Ile Saint-Louis, un livre écrit, gravé, tiré, texte et bois, par l'auteur, sous un toit du quai d'Anjou, contigu à l'hôtel Lambert.

Tâche ingrate d'expliquer un peintre (1), et, j'ose le dire, inutile. Le peintre et l'écrivain ne voient pas de la même façon. Un entraînement assidu de l'œil incline le premier à saisir le fait matériel jusqu'en ses détails les plus imperceptibles et, à la fois, dans son caractère d'ensemble. L'autre recueille un trait qui le frappe et imagine. Celui-là regarde, appréhende le modèle. Celui-ci plonge en lui-même. Ce sont deux dons, différents, qui parfois coexistent, mais rarement. D'où suit que la critique artistique de l'homme de lettres ne manque pas de fantaisie folâtre et contribue à ravager les ateliers par la diffusion de théories, de paradoxes, de visions qui sont autant de jongleries de style.

Je vous parle de Belot, mais n'est-ce pas plutôt moi-même que je raconte? Si je m'efforce de caractériser son trait, le sens de son œuvre, n'est-ce pas ma façon de les comprendre que j'analyse? En vain je m'efforce à l'objectivité, c'est toujours mon émotion que je rencontre. Peut-être est-elle sœur de la sienne? Peut-être ne l'est-elle pas?... Nous sommes des énigmes face à face et, dans le temps que je crois déchiffrer celle qu'on me propose, je suis dupe des échos de mon propre cœur!

Du moins dirai-je, sans fard, ce que je démêle au fond de cet artiste et les belles suggestions dont il me pare.

(1) J'entends ici, par peintre, l'homme qui s'exprime, d'une façon générale, par des moyens plastiques.

La Bienne à Morez (Jura), dessin rehaussé d'aquarelle.
Appartient à M. D'ALIGNAN.

C'est pourquoi j'ai insisté sur son enfance contrainte et tourmenté par les formes, sur sa ténébreuse adolescence traversée par les rayons fulgurants de la nature, des vieux maîtres et de la tendresse humaine. Si longue que soit notre vie, nous vivons tous sur notre jeunesse et conseillé mystérieusement par nos morts. Rien d'angoissant comme cette geôle au milieu de laquelle on voit les artistes se débattre sans espoir! Encore le fond est-il plus ou moins riche, plus ou moins divers. Par chance, et recueillant l'héritage d'un long passé, Gabriel Belot a de quoi puiser en lui à la mesure de ses forces géantes

Pour ses débuts, du moins, je serais tenté d'appliquer à Gabriel Belot la parole de l'Eclésiaste : « Marche comme ton cœur te mène. » Il obéit à la sensibilité d'abord. C'est un homme d'intuition et c'est un homme. Il arrive à l'art par inspiration intérieure, par don irraisonné. Un dieu lui parle, l'agite, le meut. Les doctrines non plus que les jeux de l'esprit ne le retiennent. Il n'a ni ce goût, ni ce raffinement littéraire qui mène à conter fleurette aux systèmes et se plaît aux évolutions cérébrales. Il est devant la vie, réceptif, nu. Il attend l'onde pour vibrer. Il vibre et traduit son choc comme il peut.

Je dis : « comme il peut » pour me faire comprendre. Mais c'est outrer ma pensée par une simplification excessive. Très jeune, Gabriel Belot possédait assez de moyens, de connaissances pour s'exprimer loyalement. Connaissances acquises seul, sans maîtres, sans académies, sans corrections, sans autres leçons que celles qu'il lisait sur la cimaise des musées, des expositions. La réaction d'une main sûre déclenchée par le courant émotif, voilà ce que je veux indiquer, réaction immédiate, sans délibération sur le choix d'un genre, d'un procédé, et qui est d'autant plus juste, d'autant plus pathétique que l'ébranlement est plus profond.

Gabriel Belot est donc parti du sentiment et il s'y tiendra, avec des nuances, en dépit du pli narquois que l'âge, l'expérience, lui mettront aux lèvres. Position rare, personnelle, dans l'art de notre temps dont la décadence se complait aux fausses virginités, aux snobismes invertis. Les canons à la mode n'auront sur lui guère de prise. Il n'est pas homme à ramasser l'accordéon des Gleizes, des Braque, des Picasso pour essayer, à son tour, de la dissonnance cubique. Le pipeau du Douanier ne hante pas ses nuits, les succès académiques le font rire. Ce n'est pas, ce ne sera jamais un bon élève. A première vue, en regardant ses œuvres, on n'en saurait nommer la source, à l'inverse de tant de confrères pour qui la recherche de la paternité devrait bien être interdite. Gabriel Belot est Gabriel Belot.

Ce n'est pas à dire qu'il apparaît au ciel de l'art comme un météore sans présages. Ce firmament est sans miracle, tout comme un autre. Gabriel Belot est une résultante. Mais peut-être parce qu'il grapilla son savoir à la billebaude, hors des écoles, des ateliers, en autodidacte passionné, peut-être parce qu'il possédait une personnalité en diamant, il n'a pas gardé de rayures, cette empreinte d'un maître que le temps même n'efface pas.

Seules les tendances générales de l'époque l'ont tou-

Et, le Monde tourne... Bois, 0,40 × 0,62.

ché. Car enfin, il respire, regarde, travaille en 1926. Le goût de construire par masses équilibrées, de simplifier par plans, d'atteindre à la synthèse par le dépouillement du détail, la cristallisation des éléments caractéristiques se révèlent dans ses ouvrages et particulièrement dans sa peinture. Mais, en même temps, il est romantique. Non pas comme l'entendent ces traînards du symbolisme qui ont abouti, par delà Maurice Denis, Séruzier, et le Japon aidant, aux fantômes androgynes de Marie Laurencin. Il est romantique à la bonne manière, par toute l'expansion d'un moi qui crève les frontières, se rue dans sa force et dans une fantaisie pleine de charmes.

La nature, pour lui plus que jamais, est matière première, une matière qu'il spiritualise. Beaucoup de peintres, et des meilleurs, s'arrêtent aux apparences sensibles Des arrangements de composition, des modulations de couleurs, parfois très subtils mais qui ne lâchent pas la réalité, suffisent à leur réputation. Matisse, Marquet ou Bonnard n'en usent pas autrement. Ils encadrent un pan de nature et, pour tout dire une vue. Ils le reproduisent fidèlement avec plus ou moins d'harmonies. Ils nous régalent mais d'une vision réaliste, d'une palette.

Où ceux-là trouvent des sujets faits, Gabriel Belot ne voit qu'un magasin d'accessoires. C'est moins un paysage, une scène qui l'intéresse, que l'esprit, le sens intime de ce paysage, de cette scène. Il en décompose les éléments, les emporte un à un dans la gibecière de sa mémoire. Le « motif » n'est pas pour lui raison à planter son chevalet, à tendre ses facultés, à cligner des yeux, à peindre. C'est, en quelque sorte, matière à herboriser. Il regarde, cueille, charge sa boîte, hume l'atmosphère. Sur la toile, sur le papier, sur le bois, il recréera la nature à son inspiration, avec les mêmes éléments, mais disposés à sa fantaisie. Sans cesser d'être plastique, il en donnera l'image idéale et non point la réalité matérielle.

Question de don, n'est-ce pas? Mais j'imagine que cette vision de poète vaut bien celle des artistes qui ont réduit l'art de peindre aux sonorités de la couleur. L'art de Gabriel Belot déborde les sens, ravit l'âme. Magicien, il nous enivre de ses féeries. Tout ce qu'il touche s'anime, rayonne. Vous croyiez connaître ce vitrail? Eh! non! Il y faut le trait du soleil pour que s'en révèle le merveilleux. Ainsi du trait de Belot sur les choses.

S'il peint le quai de l'Ile Saint-Louis, du haut de sa fenêtre, il y mettra un vol d'oiseaux, si près de nos yeux que nous sommes, du même coup, situés en plein ciel, comme sa lucarne, et penchés vers la Seine, et mêlés à l'intimité tendre du chéneau où notre Gabriel communie, autour de miettes de pain, avec ses frères à plumes. De même, auprès d'un pot de fleurs, il sème des moineaux qui picorent. Sur cette serviette, un limaçon rampe, attiré par la bonne odeur des poires. Ici des grenouilles chantent à l'oreille d'une baigneuse, — que diable peuvent-elles bien lui conter? — un oison bat des ailes, un papillon passe, un lapin broute. Là, c'est une araignée qui tisse au tronc d'un chêne, des champignons qui grouillent, un écureuil qui vole, des chiens mélancoliques, des chats rôdeurs... Et partout des fleurs et des enfants mêlés, can-

Frontispice : *Crainquebille*, de A. FRANCE. Edition Calmann-Lévy.

indifferent devant ceſ
feneſtreſ et-
portailſ ſomp
tueux deſ
hotelſ lezar-
deſ et mou-
ſſuſ.?

3

Une page de l'Ile Saint Louis incunable typographique écrit, gravé et tiré par G.-B.

deur rafraîchissante et lustrale où le cœur de Belot s'épanouit dans une simplicité primitive.

Rarement il s'arrête sur un trait nu, dépouillé, qui oblige, quel que soit le caractère de ce trait, à un gros effort de reconstitution. Il voit des ensembles, des généralités, avec une imagination ruisselante. Ce coin d'enclos où il réunit la brouette de choux, le panier de pommes de terre, les carottes, le baquet, les outils, la vieille porte au verrou clochant, le pigeon, les crapauds qui chantent et le soleil dans les branches, c'est *tout le verger*. Cette chambre où l'homme burine, tordu sur l'escabeau devant la table chargée de planches, où la femme allaite près des cartons, sous les livres, où le ciel entre avec les nuages, les hirondelles, et la cadence des peupliers lointains, c'est *tout l'atelier*. La rivière devient, sous sa main, le poème de l'eau, à la fois miroir, musique, rêve et nourrice. Elle caresse les vieilles pierres, pousse le moulin cahin-caha, endosse les péniches, gonfle les saules et se retient de sourire des heures entières, sérieuse comme une campagnarde devant l'objectif, autour du bouchon du pêcheur à la ligne. La forêt s'évoque à son ordre, avec ses grands troncs à la file, comme des orgues sur lesquelles sonne le chant majeur du soleil.

Sans doute il faut beaucoup d'amour pour comprendre ainsi le monde et le recréer dans cette féerie qu'on ne saisit que par divination, pour recomposer les paysages en forme de paradis et transfigurer les choses d'une étincelle divine! Gabriel Belot n'est pas sans faire songer au panthéisme d'un Guérin, avec cette différence essentielle que le poète aux pâles couleurs met la contention classique à la place du torrent rouge de notre artiste. La vie, en ses palpitations innombrables, le remue, le tourmente, l'enivre. Toute flore, toute faune lui est familière, fraternelle. Il ne les observe pas seulement avec cet œil auquel on ne cèle rien, il les pénètre avec son instinct, il se mêle à elles par la sensibilité, par le cœur, par l'amour. L'animal, la fleur, Belot, voilà, dirait-on pas, trois incarnations d'un même être. Et c'est un miracle d'avoir conservé, par delà les corruptions contemporaines, cette âme respectueuse, naïve, passionnée, que nous prêtons aux sculpteurs de cathédrale.

Ici nous touchons, je crois, au caractère profond de Gabriel Belot. La parenté n'est pas douteuse entre lui et les tailleurs d'images du Moyen-Age. Il est de leur lignée aussi bien dans sa façon de comprendre que d'exécuter. C'est un gothique, en chair, en os, et en esprit, qui revit par delà plus de cinq cents années de culture latine. Il ne faut pas lui chercher d'autres maîtres que ces inconnus qui plantèrent des bœufs sur les tours de Laon, déroulèrent aux murs de Vézelay, de Chartres, de Reims, de Paris, de Bourges, cette geste de pierre héroïque où se lit la libération temporelle d'un peuple et la plus haute envolée de son âme. Au XIIIe siècle il aurait tenu le marteau, sculpté longuement, dans un calcaire bourguignon ou poitevin, les travaux et les jours, le chien qui se chauffe l'hiver aux flammes de l'âtre, la perdrix envolée sous la faucille du moissonneur...

Par quels détours, par quelles voies sourdes, obscures,

Gabriel Belot descend-t-il de cette race d'artisans disparus? Par quel prodige le génie populaire d'une de ces glorieuses époques de l'humanité, revit-il en cet homme? Car enfin, je le répète, toute la sève généreuse du peuple, toute la conscience de ces ouvriers dont j'ai loué la main parfaite, toute la beauté créatrice, l'effusion gothique refleurissent merveilleusement au cœur et dans les doigts de Gabriel Belot. De générations en générations, ses ancêtres paysans, gardèrent au fond d'eux-mêmes la Belle endormie. Gabriel survient, l'appelle. Elle s'éveille en souriant dans ses atours des vieux âges.

Les clartés méditerranéennes qui filtrèrent nos arts, cette longue leçon d'Athènes et de Rome qui, au travers de Descartes, aboutit à Versailles, aux disciplines exactes, voire à une sécheresse du trait qui fait cavalier seul, sont sur un autre plan. Gabriel Belot se situe ailleurs, au delà. Il n'est pas des fils de la Louve. Il est du sol franc, de la terre du Nord, ou de l'Est. Il est de ceux qui firent grimacer la gargouille, rôtir la femelle luxurieuse, trembler l'homme et sourire la divinité dans un paradis féérique.

L'Affaire Crainquebille, de A. France.

Le chemin de mon pays, de KER-FRANK-HOUX.

V

Etudier une à une les œuvres de Gabriel Belot serait un travail considérable, tant ce diable d'homme a une production intense. On en trouvera, d'autre part, le catalogue détaillé qui permettra de juger de leur nombre, de leur diversité. Bien que tout moyen d'expression lui soit bon, écriture, modelage, décoration, etc... on peut grouper ses ouvrages en trois catégories correspondant aux trois formes dont il use le plus volontiers : la gravure sur bois, le dessin rehaussé, la peinture.

A l'âge de sept ans, en 1889, notre Gabriel exécute un dessin à la plume d'après nature, *Le Pont Henri IV*, avec les bateaux lavoirs. Œuvre d'enfant, mais œuvre qui compte déjà parce qu'elle révèle, dans la disposition des noirs et des blancs, le don secret et le premier éclat de l'intuition, source qui miroite un instant à ciel ouvert dans la campagne surprise pour ne reparaître, qu'à des lieues de là, dans sa force torrentielle. Belot a conservé cette image et il la chérit : c'est la préfigure de son âme. A l'époque, le grand père Bonpain avait confectionné un album pour ranger les essais de son petit fils.

Plus tard, beaucoup plus tard, tourmenté par le besoin de s'épancher, — l'art, n'est-ce pas, au fond, le désir d'habiter quelques instants un cœur ami? — Gabriel Belot mêlera, dans de rares brochures, le commentaire à la gravure. Descriptifs et confidentiels, ses livres sont le témoignage d'une sensibilité fraîche, d'une sensibilité rustique dont la rosée n'a point séché, dont la marguerite et le bluet ne se fanent point. L'amour y tient toute la place. Non point l'amour de nos romanciers qui commence au cotillon pour finir dans les draps. Mais l'amour cosmique de tout ce qui vit, respire, bouge, sentiment qui vous enracine au tréfond de la terre nourrice et vous grandit jusqu'aux étoiles.

« J'aime la liberté et le grand air. Je suis un être de plein vent, écrit Belot dans le *Bonheur d'aimer*. J'aime le ruisseau, j'aime l'arbre, j'aime la feuille qui s'envole, j'aime le nuage... J'aime passionnément, profondément tout ce qui vit, tout ce qui est principe d'amour... N'aie pas peur, approche de moi, toi, mon frère. Ma voix, pour toi, se fera tendre et caressante : mes yeux, pour toi, se voileront afin de paraître moins dur ; mes mains resteront bien timides, de peur de te gêner. Et si, malgré tout, mon frère, tu as peur de moi, c'est que tu auras peur de la liberté, de la joie de vivre et du bonheur d'aimer. »

Lettrines du *Voyage de la rue des Ecouffes à la rue des Rosiers*, de Raymond HESSE. Edition Blanchetière.

Arc-en-ciel sur l'Ile Saint-Louis, peinture.

Et ailleurs, cet aveu gravé au frontispice de *Pour être heureux* : « Un vieux mur, une palissade vermoulue, une jarre de lait et du pain bis : quoi de plus pour être heureux... Contempler le ciel et se sentir enivré de parfum et d'amour. Ecouter les nids, comprendre leur langage, et pleurer de joie. Caresser le velours d'une mousse, boire le soleil d'un bouton d'or, et dire : merci arbres, nids et fleurs ; vous êtes tous en moi et je suis bien heureux. »

N'entendez-vous pas, là, l'écho du panthéisme de Guérin et, à la fois, de la candeur franciscaine? Ces deux thèmes conducteurs circulent sans cesse dans l'œuvre de Belot, tantôt se chevauchant, s'emmêlant, tantôt surgissant dans une modulation isolée. La bonté, la pitié en sont le développement naturel. Il s'attendrit sur le chien « candide aux yeux de brave homme », sur le chat dont l'échine sèche crie la faim, sur l'arbre solitaire des vieilles cours qui s'étire vers les toits pour respirer, sur les chalands, « prisonniers dociles du remorqueur nerveux », sur l'homme aussi dans sa misère. Mais ce n'est pas là le vrai ton de Gabriel Belot, cette passion humanitaire que les Tolstoï, les Romain Rolland ont élevée à la hauteur d'une religion. Il est trop artiste pour se laisser emprisonner par la doctrine. Le sentiment, chez lui, demeure sentiment et reste ferment d'art au lieu de conditionner une éthique. On le rapprocherait plus à propos de Charles-Louis-Philippe, encore qu'il n'use pas de faux-semblants de simplicité. Chez l'un comme chez l'autre, tous deux poètes de l'Ile Saint-Louis, il y a le même amour mystique et pitoyable de toute la création, vieille racine chrétienne que les larmes romantiques ont recouverte d'une floraison sans mesure.

J'aime assez, il me permettra de le dire, que, par la suite, Gabriel Belot, ait préféré, à la plume, les moyens plastiques de s'exprimer. Il me paraît surtout grand dans le champ où il burine, dessine, peint. La gravure sur bois, par dessus tout, grâce à ce côté manuel qui exige de la force, de l'adresse, de « la main », qui en fait un beau labeur d'ouvrier, lui convient essentiellement. Un effort physique souple, raffiné, cadre à merveille avec l'homme.

Voyez-le : c'est un colosse bien d'aplomb, aux épaules vastes comme une voûte, aux bras durs, musclés. Sa main ne serre pas, elle étreint, elle broie, — et quand elle veut elle caresse. Il porte la tête haute, de face, une forte tête embroussaillée de barbe noire sous un grand front clair. A ses joues du rouge, du sang qui vient d'un cœur surmené, s'attarde. Et dans ses yeux, des yeux doux à l'accoutumée, voire attristés, des flammes s'éveillent, aigües, passionnées, goguenardes.

Ce paysan du Danube — il en a le bon sens — mange, boit, rit, travaille avec exubérance. Il aime le bois, « le bois généreux » comme il dit. Il se complait à palper, flatter les buis lisses, les cerisiers onctueux, ces belles planches, dont plusieurs mesurent plus d'un demi-mètre de large, dans lesquelles il va frapper joyeusement. Le voilà revenu mon artisan, menuisier, ferronnier ou tailleur d'images, dans la personne de ce Belot qui médite, l'outil dans la paume.

Ses premiers bois furent gravés au canif, sans parti pris, et simplement dans le désir d'exprimer sa vision avec force, méthode qui restera toujours la sienne. Peu lui chaut l'outil, couteau, burin, ou pointe! Il s'agit de rendre un effet, une émotion. Qu'importe le moyen?

Dès ses débuts il attaque le bois sans trembler, avec une technique adroite, à coup sûr longuement réfléchi, mais qui semble spontanée. Cette architecture de noirs et de blancs, qui prend tout son sens, tout son relief, toute sa lumière d'un juste emploi des valeurs, s'adapte bien à son tempérament. Il y a, dans la gravure sur bois, quelque chose de tangible, de dense, où la main de Belot est à l'aise. On y sent le bâtisseur sous l'artiste, aussi bien dans l'arabesque d'un trait gras que dans le balancement des masses. La qualité de l'encrage, des papiers joue son rôle. La matière coopère étroitement avec le cerveau. C'est, si j'ose rapprocher ces mots, un bas-relief à plat, à vrai dire sans pénombre, mais intensément présent dans l'atmosphère. Nul art peut-être, la sculpture exceptée, ne requiert autant de souffle créateur. Toute tricherie, tout déguisement l'annule. Comme l'arbre dont elle est issue, la planche réclame de la sève. Et Gabriel Belot en déborde.

Bien que la mode de la gravure sur bois, accouplée au cubisme, produise d'innombrables illustrations où l'informe le dispute à l'horrible, il passe outre. Le rudiment, la vélléité, la suggestion, dans quoi se rue la barbouille officielle et indépendante, ne l'effleurent même pas. Il ne renie pas le dessin, il ne renie pas la composition : il les adapte au métier. Il grave à sa façon, avec, sans doute, plus de détails, plus de traits, plus de touches qu'il n'en mettra plus tard, mais non avec moins d'équilibre, moins de caractère. C'est l'époque du *Rouleau* (1913), de *La Maison de Balzac*, de *la Roulotte* (1914), œuvres déjà de premier ordre et très émouvantes.

En 1916, avec *Le Graveur*, trois planches en camaïeu, en 1917, avec *L'Ile Saint-Louis*, *Le Bonheur d'aimer*, Gabriel Belot s'affirme un maître de la gravure sur bois. Ici le sens de la simplification entre en œuvre, les encadrements décoratifs, les lettrines apparaissent, dans lesquels, par la suite, il mettra tant de fantaisie, l'eau et l'arbre, chers motifs dont il jouera en virtuose toujours sensible, s'épanouissent au premier plan. On sent mieux le poète parce qu'il synthétise ; on goûte mieux l'artiste qui est plus fort.

Sans cesse plus nombreux, gravures, illustrations, portraits, *ex-libris* tombent de ses doigts qui ne connaîtront plus de répit. *Pour être heureux*, un album de treize bois édité par Helleu (1919) ajoute un nouveau chant dans la suite du long poème des intimités gravées par Belot. D'un coquemar, d'une écuelle, d'un pichet, d'une potée de géraniums ou d'une fenêtre entr'ouverte sur une table où traîne la miche, il tire des accents poignants comme ceux de Chardin. L'effort humain transfiguré par un rayon de soleil et la bonhomie du toit familial vous réchauffent. On s'arrête sur ce banc, on s'asseoit sous l'arbre, on rêve. Il y a partout des haltes rafraîchissantes, dans l'œuvre de Belot, pour les passants que nous sommes.

Le Chêne et le Roseau. Bois au canif, 0,45 × 0,35.

Il ne fait pas joli, il ne fait pas aimable et c'est grand dommage pour sa réputation auprès des dames. Les belles personnes, quoi qu'elles disent par prudence, aiment d'instinct le rond de jambe et le chien-chien à sa mèmère. Il suffit de donner la patte, le sucre au bout du nez, pour qu'on vous baise le museau. Mais foin du molosse qui rue et compisse les zibelines! Le beau se tient sur des sommets que ne desservent point les chemins de fer à crémaillère. N'y monte pas qui veut!

A la longue, l'inspiration de ce graveur abrupt et profond s'éloigne doucement de la nature pour entrer dans une fantaisie tour à tour rieuse, grave, caustique. Les sentiments, attendris ou naïfs, tirés d'une transcription amoureuse, font place à des compositions arbitraires, analogues aux paysages des primitifs. Il ne dédaigne pas les symboles cocasses ou amers, ainsi qu'on peut le voir dans ses illustrations de *Crainquebille*. Il badine aux marges de *Colas Breugnon*, fouille le ghetto de la *Rue des Rosiers*, tourmente le Christ, tympanise les tortueux personnages du *Curé de Tours*, paraphrase les fables de La Fontaine. Je ne connais guère de planche pour atteindre la grandeur, le pathétique, la science, de cette *Mort et le Bûcheron*, gravée en deux tons, et si belle!

Sans doute est-ce dans les bois que Gabriel Belot s'est montré jusqu'ici le plus souple, le plus divers. Le thème de ses dessins rehaussés est agreste en général. Enlevés sur place ou recréés de mémoire, ils retracent les travaux et les jours. Travail des champs, à la charrue, à la bêche, à la houe, semailles, sillons, meules, roulage... Jours de pluie, de brume, d'azur, larges en ciel, en horizon, avec la route qui s'en va vers l'inconnu comme un désir, l'onde fuyante des emblavures et les arbres, certitude immobile dans l'heure insaisissable, qui donnent l'illusion d'un répit délicieux.

Voilà : on s'arrête dans l'œuvre d'art. La machine cesse de tourner, le soleil s'accroche, les nues gardent la pose, l'arbre oublie les saisons comme le fleuve la mer, et les reflets ne se fanent plus. Peut-être est-ce là un de ses secrets de plaire? Ecarter la mort, même un instant, n'est-ce rien? Etendre un rêve sous nos pieds, fermer l'abîme où nous enfonçons minute à minute, quel miracle! Artiste, ta récompense est là d'avoir détourné la faux, et pour toi et pour nous, seulement le temps d'un soupir!

Le rôle décisif que joue l'inspiration chez Belot est surtout sensible dans ses dessins. Je ne veux pas insinuer par là qu'ils sont bons ou mauvais selon que l'artiste est plus ou moins ému. Une production abondante excuse des négligences dont les meilleurs génies ne sont pas exempts. Mais le rapport entre la réalisation et le choc émotif se montre ici à découvert, et il est sûr que ce tempérament de primesaut atteint la perfection d'un jet, sans hésitation, sans repentir, et toute habileté mise à part, au maximum de la vibration. Il est satisfaisant en toute occasion : quand il rencontre juste, il est hors de pair. C'est affaire de conseil intérieur, de vision quasi surnaturelle et non de labeur appliqué.

Enlevés au pinceau, à l'encre de Chine, ses croquis d'enfants, de femmes, d'animaux, possédent, dans leurs

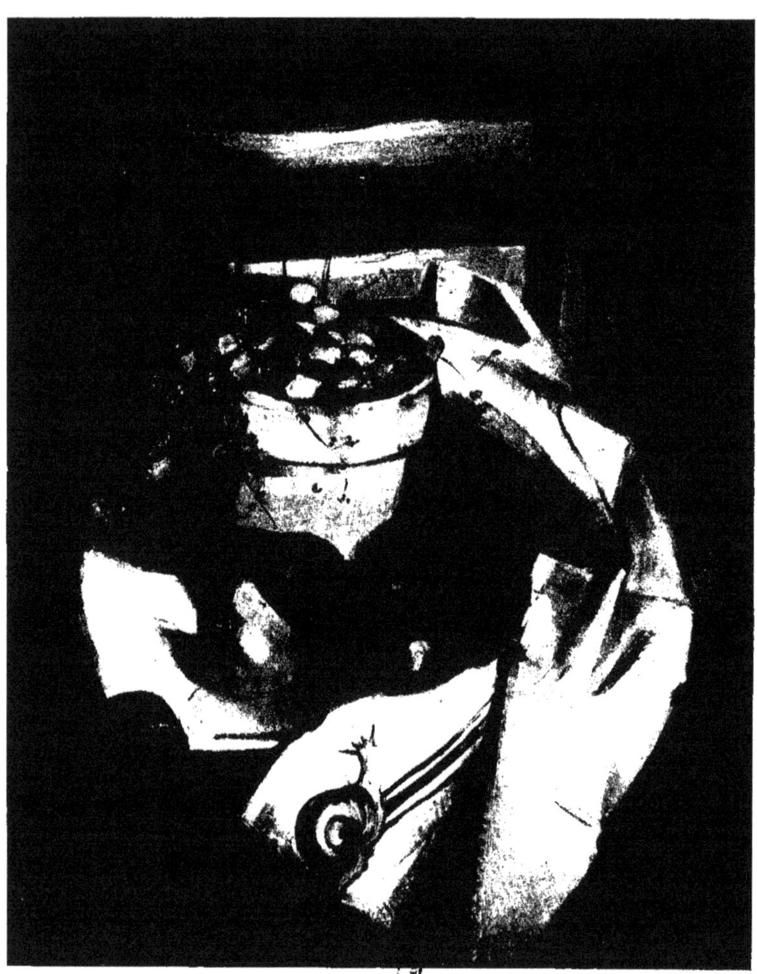

Nature morte à l'escargot, peinture.

brèves indications, cette mobilité singulière dans un trait fixe qui anime, d'une vie illusoire, les œuvres des maîtres. Mystère qu'on ne saurait analyser, qui se sent, qu'on n'enseigne pas. Les *Trois Grâces* de Rubens vont bouger, elles bougent. Le temps d'un clin d'œil et *la Pourvoyeuse* de Chardin aura posé son fardeau, *la Maya* clos les paupières, *Madame de Senones* baillé sans doute, et les vahinés de Gauguin, qui portent leurs seins sur des fleurs d'hibiscus, délié leur ceinture sans baisser le regard. Feuilletez les cartons de Belot. Le même souffle créateur y tressaille. Le sang de ceux qui ne meurent pas, de la grande famille des faiseurs de beau, court ici à pleine veine.

Ses procédés? Peu de chose : de l'encre, de la sépia, quelques tons d'aquarelle, deux ou trois — jaune, bleu, roux, — tons sourds largement étendus, à la diable semble-t-il, mais, au vrai, avec la meilleure sûreté. Cela lui suffit pour dresser les paysages les plus vastes, en exposer l'âme lyrique. Car toujours, dans une œuvre de Belot, le poème passe au premier plan, crève la toile. La sobriété pathétique et sombre de certains dessins font penser à Decamps. Le romantisme de Barbizon, apaisé par la leçon de Ruisdael et des Hollandais, retrouve, chez Belot, son envolée, son tourment. L'imagination et le cœur mènent la main. Il se donne au lieu de se contraindre, de se mutiler.

Et il reste là aussi, dans le fond, l'artiste du blanc et du noir. Nul pittoresque chatoyant, pas de feux d'artifice, pas de fontaines lumineuses. Il ne cherche pas à exciter, il ne vise pas au frisson. Il établit un monument solide comme dans ses gravures sur bois. Il contente l'esprit par cette harmonieuse stabilité de dispositions plastiques, faute de quoi l'œuvre périt d'une génération à l'autre.

Mais la couleur, la lumière, direz-vous? Eh bien, regardez ses peintures et vous serez assurés qu'il est aussi coloriste, aussi lumineux qu'il est possible. La lumière ressort des oppositions, jeu que Belot conduit en maître. La couleur tient à la qualité de la pâte, à la densité de la matière en même temps qu'à l'heureux assemblage. S'il peint de préférence au couteau, c'est parce qu'il savoure, en sensuel, la beauté d'un ton franc dont la belle surface émaillée avive l'éclat. Il a des blancs, des bleus, des rouges sonores comme des trompettes. Mais il n'ignore rien des complémentaires, des oppositions, et il contrepointe et module avec une aisance sans gentillesse, toujours large.

Dès son plus jeune âge, le désir de peindre agita Gabriel Belot. Mais peindre, c'est avoir des couleurs, des toiles, des brosses, du loisir... Il est à l'atelier, il gagne son pain. La bête impérieuse dévore l'esprit. Il attend, il amasse, il rogne sur la nuit. « Pensez, me disait-il, que j'ai attendu parfois trois mois pour posséder un tube de couleur! » Trois mois haletants, trois mois de privations, et et puis la possession furieuse, exaltée, — ah! femme, quel néant ton baiser! — de cet humble tube, ce rien qui tient dans deux doigts et d'une goutte embrase la palette!

Dans la peinture comme dans l'aquarelle, la gravure,

les sujets de Belot sont infiniment variés. Il aime toutefois peindre les petits animaux familiers, grenouilles, poissons rouges, lapins, tortues, dont l'éclat ou la ligne le tente, et, par dessus tout, les fleurs. *Dalhias*, *Primevères*, *Reines-Marguerites*, *Roses*, *Bouquet*... voilà ses tableaux. La communion est étroite entre le doux imagier et la fleur, petite sœur parfumée, petite sœur somptueuse qu'il berce au creux de son âme populaire. Il les peint sans fard, sans prétention : un bocal et la gerbe. Il les peint pour elles mêmes, pour leur parure grandiloquente et pour leur naïveté, dons qui les rapprochent des Vierges d'Espagne, enfantines et chamarées.

Voyage de la rue des Ecouffes à la rue des Rosiers,
de Raymond Hesse.

La Baigneuse, bois camaïeu 0,27 × 0,39.

VI

Il faut conclure, bien que ma conclusion soit déjà éparse dans les pages de cette étude.

De l'enfant chétif traqué par la famille, de l'adolescent hanté par la vocation et l'amour des semblables, l'âge a dégagé l'artiste. Ce n'est rien qu'un artiste, un homme entièrement soumis à l'art dans toutes ses forces, dans toutes ses facultés, qui ne pense qu'à peindre, qu'à se libérer pour peindre, avec ce mépris des convenances, des liens, dont Van Gogh et Gauguin furent possédés furieusement. Cela ne va pas sans un peu de cet orgueilleux égoïsme que le génie secrète inconsciemment. Peut-être faut-il l'isolement d'un triple airain pour créer!

Pourtant Gabriel Belot conservera dans son œuvre le goût d'une morale sociale assez simpliste et basée uniquement sur l'amour. La qualifier d'apostolique serait trop dire. Elle est humaine. Elle ne fait point tort à l'art parce que la réalisation technique est toujours très forte chez Belot, et parce qu'elle se glisse au-dessous, à la manière d'un transparent négligeable.

Cette tendance prouve assez combien l'artiste suit son cœur. Gabriel Belot se raconte. Son art est toujours subjectif, et c'est son originalité profonde. Au lieu de se plier au temps, aux modes selon l'usage, d'arrondir ses angles ou de limer ses pointes, ce puissant talent progresse comme il est, tout d'une pièce. Ne sachant pas mentir avec lui-même, il avoue. Du superflu, qui est une richesse, il fait son élément familier. C'est le gothique aux cent visages, abondant, exalté, avec ce don des larmes qui fit la fortune de Jean-Jacques, à l'époque où les fleurs du sentiment séchaient dans les feuillets de l'Encyclopédie.

L'homogénéité, la haute tenue, la grandeur de l'œuvre de Gabriel Belot le recommandent. Si son abord est grave, l'emprise n'en sera que plus durable. Il n'était pas souhaitable qu'un tapage réclamiste la désigna au public. Tout succès spontané s'appuie sur des conditions fugaces, périssables, car la foule aveugle tend les bras dans la nuit, comme au collin-maillard, et saisit sans discernement. Le temps seul impose la qualité, enchaîne les admirations. Déjà la troupe des fidèles se presse autour de Belot. Il tient l'avenir. Et je sais sa main assez ferme, sa volonté assez roide, son génie assez dominateur pour le coucher à ses pieds.

MARC
ELDER

L'Ame de la Forêt, bois au canif 0,68 × 0,75.

L'ŒUVRE DE GABRIEL-BELOT

1889. — Le Pont Henri IV (*Dessin à la plume*).

1911. — D'un 7me de la Rue Caulaincourt (*Dessin à la plume*).
Les Maisons de Faverolles, Loiret (*Peinture*).

1912. — Les Poupées (*Peinture*).
L'Enfant Malade (*Dessin rehaussé*).
Le Nuage (*Dessin rehaussé*).
Les Saules (*Dessin rehaussé*).
La Concierge (*Dessin rehaussé*).
Le Joueur d'Accordéon (*Sépia*). Appart. à M. Comar.

1913. — Illustration pour Les Poètes, de Roger Duc.
Les Arbres aux Corbeaux (*Série de bois gravés*).
Le Rouleau (*Bois*).
Sous les Peupliers (*Bois*).
Les Pommiers (*Dessin au lavis*).
Arbre dans la Plaine (*Dessin rehaussé*).
Homme Allongé (*Dessin rehaussé*).
Quai de Bercy (*Dessin rehaussé*).
Pot de Fleurs (*Dessin rehaussé*).
La Plaine (*Dessin rehaussé*).
Pot de Fleurs (*Dessin rehaussé*).
L'Homme a la Fenêtre (*Peinture*).
Le Joueur d'Orgue (*Peinture*).
Plante Verte, Poisson Rouge (*Peinture*).
Le Petit Village sous la Pluie (*Bois*).
Le Vieux Gouvernail (*Bois*).

Les Remorqueurs (*Bois*).
La Sioule, Allier (*Peinture*). Appartenant à M. Paix.
Hotel de Sens (*Fusain*).
Hotel Lambert (*Fusain*).
Saint-Gervais (*Fusain*).
Vue des toits, Ile Saint-Louis (*Fusain rehaussé*).
La Cour de l'Hotel de Vieuville (*Dessin rehaussé*).
Notre-Dame et la Rue des Ursins (*Dessin*).
Cuivres (*Dessin rehaussé*).

1914. — Arbres aux Corbeaux (*Fusain*).
Les Arbres, Pointe de l'Ile Saint-Louis (*Fusain*).
Les Bouquinistes (*Peinture*).
Arbres aux Corbeaux (*Peinture*).
Les Peupliers (*Peinture*).
Saint-Julien le Pauvre (*Peinture*).
Les Sept Arbres (*Peint.*). Pann. décor. app. à M. Binder.
Nature Morte (*Peinture*).
La Roulotte (*Bois*).
Les Poules (*Bois*).
Pots de Fleurs (*Bois*).
La Maison de Balzac (*Bois*).
L'Enfant sur son Lit (*Dessin*). Appartenant à Mme S.
Menu, pour le diner du Paris Moderne (*Bois*).
Han Ryner, portrait (*Bois*).
Rosny Ainé, portrait (*Bois*).
Igounet de Villers, portrait (*Bois*).
Charles Joues, portrait (*Bois*).
Dorian, portrait (*Bois*).
Mère et Enfant (*Bois*).
Les Marchands de Frites aux Portes d'un Cimetière Parisien (*Peinture*).
Le Printemps a Créteil (*Peinture*).
Le Gardien de Nuit (*Peinture*).
Un Arbre dans la Plaine (*Dessin*). Appartenant à M. Clément Janin.

Enfant au Berceau (*Dessin*).
La Petite Fille (*Dessin*).
L'Ile Saint-Louis (*Dessin*).
Arbres (*Dessin*).
Arbres et Bateaux (*Dessin*).
Lavoir en l'Ile Saint-Louis (*Dessin*).
Fleurs et Poissons Rouges (*Peinture*).
L'Homme Fusillé (*Dessin*). Appartenant à M. Clerc.

1915. — La Passerelle d'Austerlitz (*Dessin*).
Les Fortifications de Paris (*Fusain*).
Arbres au Matin (*Dessin au trait*).
Enfant sur une Chaise (*Dessin au trait*).
La Boucherie (*Dessin rehaussé*).
Enfant a la Toilette (*Dessin rehaussé*).
Marchand de Pommes (*Dessin au pinceau*).
Mère portant son enfant (*Dessin au trait*).
Mère et Enfant (*Dessin au trait*).
Un Matin (*Bois*).
Notre-Dame de Paris (*Bois*).
Les Chalands (*Bois*).
Les Meules (*Bois*).
La Boucherie (*Peinture*).
Bouquet de fleurs, Pot bleu (*Peinture*).

1916. — Le Graveur (*Bois*). Trois planches en camaïeu.
Petit Paul et son Chat (*Bois*).
Deux études de nu (*Bois*).
Emile Verhaeren, portrait (*Bois*).
Poules en Cage (*Bois*).
Les Saules, Créteil (*Dessin*).
Petit Paul (*Dessin*).
Poisson Rouge (*Dessin rehaussé*).
Les Enfants (*Dessin rehaussé*).
Femme Dormant sur Coussin Vert (*Dessin rehaussé*).
Bouquet (*Dessin rehaussé*).

Nature Morte (*Dessin*).
Le Vieil Ebéniste (*Bois*). Trois planches en camaïeu.
Les Poissons Rouges (*Aquarelle*).
Femme Assise (*Dessin au trait*).
Tête d'Enfant (*Dessin au trait*).
Femme Dormant (*Dessin au trait*).
Fleurs (*Dessin au trait*).
Enfant (*Dessin au trait*).

1917. — Mère et Enfant (*Dessin*).
Le Remorqueur (*Dessin*).
Saules (*Dessin*).
Enfant sur un Oreiller (*Dessin*).
Femme et Enfant (*Dessin*).
Les Larmes (*Dessin*).
Petit Chat (*Dessin*).
Le Chat qui a faim (*Dessin*).
Femme Accoudée (*Dessin*).
Le Jeune Chat qui Dort (*Dessin*).
Femme Assise, Vue de Dos (*Dessin*).
Mère et Enfant (*Dessin*).
L'Ile St-Louis. Livre illustré, écrit, gravé et tiré par G. B.
Grands Arbres au Louvre (*Bois au canif*).
L'Aveugle et son Chien (*Bois*).
Chalands sous la Neige (*Bois*).
La Grue des Chalands (*Bois*).
L'Aveugle aux Enfants (*Bois*).
Les Permissionnaires, album de 10 planches en camaïeu (*Bois*).
La Veuve de l'Artiste Mort au Feu (*Peint.*) Christiania.
Le Poilu des Enfants (*Fusain rehaussé*). Christiania.
Le Bonheur d'Aimer (*Proses et 29 bois*). Ed. « La Ghilde des Forgerons ».
Le Joueur d'Accordéon (*Bois*).
Le Livre de Pierre, par Han Ryner (13 *dess.*, 1 *portr.*) Edition « Les Humbles ».

La Neige sur les Toits, Ile Saint-Louis (*Peinture*).
Nature Morte (*Peinture*).
Fleurs (*Peinture*).
Soucis près d'une Fenêtre, neige (*Peinture*).
Saint-Gervais (*Bois*).

1918. — Bouquet (*Dessin rehaussé*).
Les Lapins (*Dessin rehaussé*).
Noyer au Vent (*Dessin rehaussé*).
Fleurs (*Dessin rehaussé*).
Chat (*Dessin rehaussé*).
Arbres (*Dessin rehaussé*).
Chemin des Beaux Arbres (*Dessin rehaussé*).
Remorqueurs (*Dessin rehaussé*).
Route bordée d'Arbres (*Dessin rehaussé*).
Tête d'Enfant (*Dessin rehaussé*).
Poules et Poussins (*Dessin rehaussé*).
Coin de Parc (*Dessin rehaussé*).
Fruits et Fleurs (*Dessin rehaussé*).
Arbres et Poules (*Dessin rehaussé*).
Chêne (*Dessin rehaussé*).
Fleurs (*Dessin rehaussé*).
Fleurs (*Dessin rehaussé*).
Nature Morte (*Peinture*).
Le Coin de la Cheminée (*Dessin*).
Un Chêne (*Dessin*).
Arbres après l'Orage (*Dessin*).
Rose Thé et Pot Bleu (*Peinture*).
Neige au Parc Montsouris (*Peinture*).
La Brioche a la Rose (*Peinture*).
Gerbe de Fleurs (*Peinture*).
Printemps, Parc Montsouris (*Peinture*).
Pot de Primevères (*Peinture*).
La Dormeuse (*Peinture*).
Portrait de jeune femme (*Peinture*).
L'Enfant au Coin (*Peinture*).

LE MIROIR (*Peinture*).
LES FLEURS (*Peinture*).
ROSES SUR TAPIS ROSE (*Peinture*).
LE CITRON (*Peinture*). Appartenant à Mme J.
PRINTEMPS, Ile Saint-Louis (*Peinture*).

1919. — LES HALEURS (*Peinture*).
LE FUSHIA (*Peinture*). Appartenant à M. GRIÈRE.
ARBRES ET MAISONS (*Dessin rehaussé*).
POT ET BOUILLOTTE (*Dessin rehaussé*).
MAISON ET FUMÉE (*Dessin rehaussé*).
APRÈS L'ORAGE (*Dessin rehaussé*).
ARBRES ET MAISONS (*Dessin rehaussé*).
LE CHEMIN QUI MONTE (*Dessin rehaussé*).
LES SAPINS (*Dessin rehaussé*).
LA CHEMINÉE (*Dessin rehaussé*).
RUE A MOREZ, Jura (*Dessin rehaussé*).
ROUTE APRÈS LA PLUIE (*Dessin rehaussé*).
LA MÈRE DU RABIN (*Dessin rehaussé*).
LE CHEMIN (*Dessin rehaussé*).
VIEILLE EGLISE A MOREZ, Jura (*Dessin rehaussé*).
JEUNE CHAT (*Dessin rehaussé*).
MAISON DU JURA, LE SOIR (*Dessin rehaussé*).
COIN DE FORÊT (*Dessin rehaussé*).
COIN DE VILLAGE (*Dessin rehaussé*).
PORTRAIT DE JEUNE FEMME (*Dessin rehaussé*).
AIMER, (*Texte et gravure sur bois* de G. B.)
L'ENFANT QUI PLEURE (*Statuette*).
LE CHEMIN D'UNE SCIERIE (*Dessin*).
PROSES ET BOIS ORIGINAUX (*Livre*). Edition d'ALIGNAN.
POUR ÊTRE HEUREUX, (*Alb.,* 13 *bois,* 1 *prose*) Ed. HELLEU.
LES VIGNERONS (*Bois*). Trois planches en camaïeu.
LES SAPINS (*Bois canif*).
LE RUISSEAU AUX LAPINS (*Bois canif*).
PORTRAIT D'HOMME (*Peinture*).
PIERROT (*Peinture*).

TROIS ROSES (*Peinture*).
POT BLEU, POISSONS ROUGES (*Peinture*).
SÉRÉNITÉ : LA MARCHANDE DE FLEURS (*Peinture*).

1920. — ROMAIN ROLLAND, Portr. (*Bois*). Ed. Les Muses Françaises.
LA TRICOTEUSE (*Bois*).
CINQ PROSES, CINQ BOIS (*Album en camaïeu*), 2 planches. Edition d'ALIGNAN.
LE QUAI D'ANJOU (*Bois*).
L'EGLISE SAINT-GERVAIS (*Bois*).
LA GARDEUSE DE MOUTONS (*Dess. reh.*) App. à M. OULMANN.
LES BORNES, Quai de Béthune (*Bois*).
LE PONT SULLY (*Bois*).
L'ARC-EN-CIEL, Ile Saint-Louis. (*Peinture*).
FLEURS JAUNES SUR CHAISE GRENAT (*Peinture*). Appartenant à M. MANAUT.
LA PLAINE AVANT L'ORAGE (*Dess. reh.*) App. à M. GRAFFIGNE.
LES REINES-MARGUERITES (*Peint.*). App. à M. GRAFFIGNE.
POT BLEU ET TORTUE (*Peinture*).
LA PASSERELLE D'AUSTERLITZ (*Peinture*).

1921. — LA PLAINE (*Dessin sur Bois*). Appartenant à Mme J.
LE PETIT MOULIN (*Peinture*).
LE GRAND MOULIN (*Peinture*).
POIRES ET POT (*Peinture*).
LA TOILETTE (*Peinture*).
LA TACHE D'EAU (*Peinture*). Appartenant à M. GRIÈRE.
LES CERISES (*Peinture*).
L'ENFANT AU GATEAU (*Peinture*). Appart. à M. PAUL BELOT.
L'ENFANT AU CHAT (*Peinture*).
LES ARBRES ET LA PLAINE (*Peinture*) Appart. à M. COMAR.
L'ENFANT A LA FENÊTRE (*Peinture*). Appart. à M. ETHIN.
MAISON AU CLAIR DE LUNE (*Peinture*). Appartenant à M. RAYMOND HESSE.
MAISONS, Tombée du Soir (*Peinture*). Appartenant à M. RAYMOND HESSE.

La Grange aux Lapins (*Peinture*).
Maisons a Montereau (*Peinture*). Appart. à M. Comar.
Les Marguerites (*Peinture*). App. au Dr Maurice Heine.
Le Tapis Bleu (*Peinture*).
Le Poisson Rouge (*Peinture*). Appartenant à M. Grière.
Fleurs et Pot Jaune (*Peinture*).
L'Homme dans le Jardin (*Peinture*). Appartenant à M. Raymond Hesse.
Intérieur a la Table (*Peinture*). Appart. à M. Marteau.
La Cité des Vieilles, de Frédéric Rouquette (*Bois frontispice*).
L'Edredon Rouge (*Peinture*).
Pierre et Luce, de Romain Rolland, 33 bois.
Le Remorqueur au Pont Sully (*Bois*).
Le Quai d'Orléans, Ile Saint-Louis (*Bois*).
Le Chêne et le Roseau (*Bois*). Musée Deheroix, Rabat.
L'Orage (*Bois*).
L'Adoration des Bergers (*Bois*). 3 planches en camaïeu.
Une Brute (*Livre*). Texte et dess. de G. B. Ed. d'Alignan.
Shakespeare, portrait (*Bois*).

1922. — Beauté Juive (*Bois*).
Fleurs et Brioche (*Peinture*).
Le Pot de Fleurs (*Peinture*).
Les Enfants aux Bulles (*Peinture*). Appart. à M. Grière.
L'Homme Couché (*Peinture*).
Cayeux-sur-Mer (*Dessin*).
La Plage de Cayeux (*Peinture*). App. à M. Marc Elder.
Fleurs, Bord de mer (*Peinture*). Apparten. à M. Comar.
Paysage, Cayeux (*Dessin rehaussé*).
Les Illusions (*Bois*), 3 planches.
Chien et Chat (*Peinture*).
Les Trois Petits Chiens (*Peinture*).
Orage et Arc-en-ciel (*Bois*).
Le Pont Marie (*Bois*).
Et, le Monde tourne... (*Bois*).

La Gerbe de fleurs à la grenouille, peinture.

Montmartre, Vue de la Rue Clauzel (*Dessin rehaussé*). Appartenant à M. Képalinos.
L'Enfant dans sa Chaise (*Dessin*).
La Vieille qui va au Cimetière (*Aquarelle*).
Vue d'une Fenêtre du Quai d'Orsay (*Bois*).

1923. — Les Chansons de Miarka, de Jean Richepin, 30 dessins, 14 lettrines, 17 bois. Edition Blanchetière.
Les Enfants et la Guerre (*Dess. reh.*). App. à M. Clerc.
Les Mauvais Jeux (*Dess. rehaussé*) Appart. à M. Clerc.
Le Voyage de la Rue des Ecouffes a la Rue des Rosiers, de Raymond Hesse, 48 bois. Edition Blanchetière.
La Sortie de la Forêt (*Bois canif*). Musée de Nantes.
Le Petit Moulin (*Bois canif*).
Han Ryner (*Bois*).
Gabriel Belot (*Bois*).
Clamecy en contre-jour (*Dess. reh.*). App. à M. Comar.
Le Matin, Route de Clamecy (*Dessin rehaussé*).
L'Yonne près de Clamecy (*Dessin rehaussé*).
Clamecy vue de la Côte (*Dessin rehaussé*).
L'Escalier de Vieille Rome (*Dessin rehaussé*).
Le Village vu du Pont sur l'Yonne (*Dessin rehaussé*), Appartenant à M. de Casanove.
Clamecy et la Grand' Route (*Sépia*). App. à M. Alphaud.
Environ de Clamecy (*Dessin rehaussé*). App. à M. Gibbs.
Le Village d'Armes (*Dessin rehaussé*).
Etude d'Arbres (*Dessin rehaussé*).
Les Marguerites (*Dessin reh.*). App. à M. de Grammont.
Marguerites en Pot (*Dessin rehaussé*).
Une Route près Morez, Jura (*Dessin rehaussé*).
Les Maisons Boulevard de Ménilmontant (*Dessin* rehaussé). Appartenant à M. Porcher.
L'Yonne avec la Crue (*Dessin rehaussé*).
Le Village de Faverolles, Loiret (*Dessin rehaussé*).
Poligny, Jura (*Dessin rehaussé*).
Les Arbres dans la Nièvre (*Dessin rehaussé*).

Paysage près de Montereau (*Dessin rehaussé*).
Le Pont du Beuvron (*Dessin rehaussé*).
Le Beuvron, Clamecy (*Dessin rehaussé*).
Un Coin de la Forêt de Saint-Germain (*Dess. rehaussé*).
L'Orvanne près de Montereau (*Dessin rehaussé*).
Le Vieux Montmartre (*Dessin reh*). App. à M. Comar.
Arbres a Bourges (*Dessin rehaussé*). App. à M. Comar.
Le Beuvron et le Boulevard du Beuvron (*Dess. reh.*).
L'Yonne (*Dessin rehaussé*).
Coucher de Soleil sur le Canal (*Dessin rehaussé*).
Un Canal (*Dessin rehaussé*). Apparten. à Mme Lenfant.
Au Bord de la Fenêtre (*Dessin rehaussé*).
Le Bouquet d'Arbres (*Dessin rehaussé*).
Village de la Chevroche (*Dessin rehaussé*).
L'Yonne le Soir (*Dessin rehaussé*).
Le Pont du Chemin de Fer (*Dessin rehaussé*).
Le Contre-Jour, Nièvre (*Dessin rehaussé*).
L'Hotel de la Boule d'Or (*Dessin rehaussé*).
Tombée du Soir (*Dessin rehaussé*).
Printemps a Saint-Aubin des Coudrais (*Dessin reh.*).
L'Ame de la Forêt (*Bois*). Musée de Nantes. Prix Gesle.
Fleurs (*Peinture*).
Le Moulin aux Cochons (*Peinture*).
Vue des Chalands (*Peinture*).
Fleurs (*Peinture*).
Le Curé de Tours, de Balzac (*Bois*), Edition Le Livre.
Les Chemins de mon Pays de Ker-Frank-Houx, 10 bois, Edition Ariste.

1924. — Colas Breugnon, de Romain Rolland, 127 dessins hors-texte et let. grav. Editions Ollendorf.
Le Chemin de la Biche (*Bois*). Diplomé à Florence.
Le Printemps (*Bois*). Deux planches.
La Gerbe de Fleurs (*Peinture*).
Les Marguerites (*Peinture*). Appartenant à Mme Menet.

FEMME SUR UN DIVAN (*Peinture*).
LE GEAI MORT (*Peinture*). Appartenant à M. COMAR.
LES ARBRES ET LA PLAINE (*Peinture*). App. à M. COMAR.
LE GRAND MOULIN (*Peinture*).
DEUX CUIRS INCISÉS pour COLAS BREUGNON. Appartenant à M. COMAR.
LA PASSION DE N.-S., (6 *des. rehaus.*). App. à M. COMAR.
LE VILLAGE D'ARMES (*Dessin rehaussé*).
VIEILLE MAISON A CLAMECY (*Dessin rehaussé*).
ROUTE A MONTEREAU (*Dessin rehaussé*).
PAYSAGE PRÈS CLAMECY (*Dessin rehaussé*).
LE CHEMIN DANS LES VIGNES (*Dessin rehaussé*).
ENVIRONS DE SURGY, Nièvre (*Dessin rehaussé*).
PETITE RUE PRÈS DE L'EGLISE SAINT-MARTIN (*Dess. reh.*).
ENFANT (*Dessin*).
LA DENT A POLIGNY, Jura (*Dessin rehaussé*).
ROUTE LE SOIR A POLIGNY (*Dessin rehaussé*).
LE PÊCHEUR A LA VOLANTE (*Dessin rehaussé*).
POINTE DE L'ILE SAINT-LOUIS (*Dessin rehaussé*).
PETIT PONT SUR LE BEUVRON (*Dessin rehaussé*).
CLAMECY (*Dessin rehaussé*).
CLAMECY VUE DE L'HOTEL DE LA BOULE D'OR (*Dessin rehaussé*). Appartenant à M. ROMAIN ROLLAND.
MAISONS PRÈS DU VILLAGE D'ARMES (*Dessin rehaussé*).
COUPES DE BOIS (*Dessin rehaussé*).
CLAMECY SOUS LA PLUIE (*Dessin rehaussé*).
L'YONNE LE SOIR (*Dessin rehaussé*).
LES ARBRES SUR LA PLAINE (*Dessin rehaussé*).
MEUNG-SUR-LOIRE (*Dessin rehaussé*).
PAYSAGE SUR L'YONNE (*Dessin rehaussé*).
L'ENFANT ET LES OIES (*Dessin rehaussé*). App. à M. CARDE.
LES GERBES DE BLÉ (*Dessin rehaussé*).
ROUTE A THIRON-GARDAIS (*Dessin reh.*). App. à M. COMAR.
BORDS DE L'ORVANNE (*Dessin rehaussé*).
LE CHEMIN DE LA FORÊT (*Dessin rehaussé*).
ENVIRONS DE SAINT-CLAUDE (*Dessin rehaussé*).

L'Yonne (*Dessin rehaussé*).
Le Ruisseau aux Lapins (*Dessin rehaussé*).
Le Quai d'Anjou (*Dessin rehaussé*).
Repas des Chevaux (*Dessin rehaussé*).
Grand' Route a Morez (*Dessin rehaussé*).
Coin de Rivière (*Dessin rehaussé*).
Le Bateau prêt a être lancé (*Dessin rehaussé*).
Bourges (*Dessin rehaussé*).
L'Abreuvoir (*Dessin rehaussé*).
Cayeux-sur-Mer (*Dessin rehaussé*).
Le Hourdel (*Sépia*).
Environs de Clamecy (*Dessin rehaussé*).
Une Plaine (*Dessin rehaussé*).
Village sous la Pluie (*Dessin rehaussé*).
Canal du Berry (*Dessin rehaussé*).
Bourges (*Dessin rehaussé*).
Village près de Clamecy (*Dessin rehaussé*).
Naiade Penchée (*Dessin rehaussé*).
Evreux (*Dessin rehaussé*).
Grands Arbres, Fontainebleau (*Dessin rehaussé*).
L'Orvanne, S.-et-M. (*Dessin rehaussé*).
Femme Nue (*Dessin rehaussé*).
10 Dessins rehaussés. App. à MM. Bergaut et Schœller.
Dalhias (*Peinture*).
Femme et Enfant (*Dessin sur bois*). App. à M. Hillel.
Le Pot de Primevères (*Peinture*). Appart. à M. Hillel.
12 Dessins rehaussés. Musée de Tokio.
Jeune Femme a la Tête Penchée (*Bois*).
Le Mois de Mars (*Bois*).

1925. — Crainquebille ; Vers les Temps Meilleurs ; Putois, Riquet et Divers Contes, d'Anatole France, 75 bois. Edition Calmann-Lévy.
Crainquebille (*Cuir incisé*). Appartenant à M. Comar.
L'Ile Saint-Louis (*Cuir incisé*).

La Passion de Vincent Vingeame, par Marc Elder, 22 bois. Edition Ferenczi.

La Mort et le Bucheron (*Bois*), 2 planches camaïeu.

L'Amant d'Amanda (*Chanson*), 4 bois. Appartenant à la Société de la G. S. B. O.

La Gerbe de Fleurs et la Grenouille (*Peinture*).

Les Lapins, la Grenouille et la Tortue (*Peinture*).

Le Sapin, Vétheuil (*Peinture*).

La Maison, Vétheuil (*Peinture*). App. à M. Hella (Liège).

Le Remorqueur, Vétheuil (*Peinture*).

Dalhias Roses (*Peinture*).

Les Roses (*Peinture*).

Trois Poissons dans un Bocal (*Peinture*).

Reines-Marguerites sur Tapis Bleu (*Peinture*). Appartenant à M. Frank Hauser.

L'Arbre (*Dessin*). Appartenant à M. Frank Hauser.

Un Coin du Beuvron (*Dessin*). App. à M. Frank Hauser.

Soleil sur l'Ile Saint-Louis (*Bois*).

Les Moutons sur la Route de Créteil (*Dessin rehaussé*).

Le Chemin (*Dessin rehaussé*).

Vue de Chanteloup (*Dessin rehaussé*).

Route près de Thiron-Gardais (*Dessin rehaussé*).

Champ de Blé, Montereau (*Dessin rehaussé*).

L'Orvanne, Montereau (*Dessin rehaussé*).

Arc-en-ciel, Montereau (*Dessin rehaussé*).

Rochecorbon, La Lanterne (*Dessin rehaussé*).

Les Ruines de Montdoubleau (*Dessin rehaussé*).

Montdoubleau après la Pluie (*Dessin rehaussé*).

Montigny-sur-Loing (*Dessin rehaussé*).

Clamecy, Maisons du xvie (*Dessin rehaussé*).

Plaine de Poligny (*Dessin rehaussé*).

Rochecorbon (*Dessin rehaussé*).

L'Yonne près d'Armes (*Dessin rehaussé*).

L'Allée d'Arbres (*Dessin rehaussé*).

Clamecy (*Dessin rehaussé*).

Le Beuvron (*Dessin rehaussé*).

LE CHEMIN QUI MONTE (*Dessin rehaussé*).

L'ARBRE SUR LA ROUTE DE SANCERRE (*Dessin rehaussé*). Appartenant à M. COMAR.

LE MATIN A VÉTHEUIL (*Dess. rehaussé*). App. à M. COMAR.

LE CANAL DE LIVRY (*Dessin rehaussé*).

PASSERELLE D'AUSTERLITZ (*Dessin rehaussé*).

ROUTE A THIRON-GARDAIS (*Dessin rehaussé*).

LE MATIN SUR LA ROUTE (*Dessin rehaussé*).

A THIRON-GARDAIS (*Dessin rehaussé*).

SAINT-PONÇAIN-SUR-SIOULE (*Dessin rehaussé*).

L'ECLUSE (*Dessin rehaussé*).

ROUTE PRÈS DE CLAMECY (*Dessin rehaussé*).

ARBRES SOUS LA NEIGE (*Dessin rehaussé*).

RIVIÈRE SOUS BOIS (*Dessin rehaussé*).

LA SIOULE PRÈS SAINT-PONÇAIN (*Dessin rehaussé*).

L'YONNE PRÈS D'ARMES (*Dessin rehaussé*).

L'ORAGE (*Dessin rehaussé*).

MAISONS DE ROCHECORBON (*Dessin reh.*). Musée de Tours.

CLAIR DE LUNE SUR LA RIVIÈRE (*Dessin rehaussé*).

SANCERRE (*Dessin rehaussé*).

CHEMIN AU BORD DE L'YONNE (*Dessin rehaussé*).

PLAINE PRÈS MONTEREAU (*Dessin rehaussé*).

NEMOURS : L'ARBRE (*Dessin rehaussé*).

LE MOULIN A EAU (*Dessin rehaussé*).

BORDS DE MARNE (*Dessin rehaussé*).

POLIGNY, Le Petit Port (*Dessin rehaussé*).

VÉZELAY (*Dessin rehaussé*).

CLAMECY, Le Coteau (*Dessin rehaussé*).

L'YONNE (*Dessin rehaussé*).

LE PONT SUR LE BEUVRON (*Dessin rehaussé*).

MONTDOUBLEAU (*Dessin rehaussé*).

POLIGNY (*Dessin rehaussé*).

ARBRES, Le Soir (*Dessin rehaussé*).

LES SAPINS A CAYEUX (*Sépia*).

MONTDOUBLEAU, Entrée du Pays (*Dessin rehaussé*).

CHATEAUFORT (S.-O.) (*Dessin rehaussé*).

VILLAGE, Le Soir (*Dessin rehaussé*).
CLAMECY, Clair de Lune (*Dessin rehaussé*).
L'YONNE A CLAMECY (*Dessin rehaussé*).
VIEUX COUVENT A POLIGNY (*Dessin rehaussé*).
ETUDES D'ARBRES, Parc Montsouris (*Dessin rehaussé*).
PAYSAGE NAUTIQUE (*Dessin*).
ARBRES PRÈS DU LOUVRE (*Dessin*).
LES POISSONS ROUGES (*Aquarelle*).
LE LAPIN (*Dessin rehaussé*).
LE TOMBEREAU (*Dessin rehaussé*).
LE TOMBEREAU A LA DÉCHARGE (*Dessin rehaussé*).
LES DALHIAS (*Dessin rehaussé*).
REMORQUEUR FUMANT (*Dessin rehaussé*).
L'AVEUGLE A L'ACCORDÉON (*Dessin rehaussé*). Appartenant à M. LÉON COMAR.
LES JUMEAUX (*Dessin rehaussé*).
CHIENNE COUCHÉE (*Dessin rehaussé*).
CHIENNE DEBOUT (*Dess. reh.*). App. à M. MONOD HERZEN.
LA BOUTEILLE (*Peinture*).
LES POISSONS (*Peinture*).
AQUARIUM (*Peinture*).
FLEURS ET POT BLEU (*Peinture*).
LA VIERGE AU LAPIN (*Dessin sur bois*). App. à Mlle L. N.
VIERGE A LA ROBE ROUGE (*Dessin sur bois*).
MÉNILMONTANT (*Dessin*).
LE PETIT CHAT GRIS (*Dessin*). App. à M. ANDRÉ FONTAINAS.
BOUQUET DE FLEURS (*Aquarelle*). Appart. à M. COMAR.
BATEAU SUR CANAL (*Dessin rehaussé*). App. à M. COMAR.
TÊTE DE FEMME (*Sépia*). Appartenant à M. FONTAINAS.
18 EX-LIBRIS ET REMARQUES (*Bois*).

Le Curé de Tours, de H. de BALZAC, bois camaïeu (édition Le Livre).

QUELQUES OPINIONS
SUR L'ŒUVRE ET LA PERSONNALITÉ
DE
GABRIEL-BELOT

...Gabriel-Belot est un Saint de l'Art. Il fait penser aux francs-maçons du moyen âge, à ces artisans de génie qui cachaient pour la foule, le culte de l'art derrière leur culte du divin. Gabriel-Belot sait la divinité de l'Art, que l'Art est une prière, que l'Artiste est le prêtre de la seule religion possible aujourd'hui...

Georges Axel (*Journal La Lumière*)

⁂

...Mais Gabriel-Belot n'est pas que graveur et illustrateur. Il est peintre aussi — et poète ! — poète toujours, l'humble poète des choses de la vie quotidienne. Et la naturelle aisance de ses phrases, leur rythme doucement berceur, nous font songer à Charles-Louis Philippe dont le grand cœur souffrant a cessé de battre trop tôt. Enfant, il chante : « Petits cailloux, je vous aime, car lorsque je tombe sur vous, la déchirure que vous faites à mes genoux me fait soigner par les grandes personnes. »

Gabriel Reuillard (*Paris-Soir,* 29 septembre 1925)

Il aime, si j'ose dire, en profondeur, à force de sentir, de comprendre, de s'identifier : d'être lui parmi les autres, ou d'avoir mis les autres en sa place... Il grave l'image mémorable de celui qu'il aime et pour celui-là il inscrit l'acte d'amour. « N'admire que la vérité et demande-la, avant de choisir ton chemin, à la source... sous l'ombrage généreux » et il taille dans le bois sécourable le geste qu'il sut éterniser. Car il n'aime pas indifféremment — il a horreur du mal et de la laideur, il est tout près, dans l'amour des grands tailleurs d'images, des anonymes artisans qui ont dressé les forêts ogivales. C'est un primitif du temps présent : ne pourrait-il être le signe annonciateur de l'effusion prochaine.

A-M. Gossez
extrait du *Gabriel-Belot graveur d'ex-libris*
chez H. Daragon, Editeur

***

Avec sa grande barbe et ses yeux très doux qu'anime la foi lorsqu'il parle d'un sujet qui le passionne, Gabriel-Belot ne semble pas être un personnage de notre temps. On sent qu'il a des convictions avec lesquelles il ne badine pas. Cela se voit dans son œuvre, avec une ferveur ardente, il montre la Forêt communiant avec ses animaux et avec toutes ses plantes dans un bonheur universel — ou bien c'est Jésus dans sa crèche, qui vient au monde, et tous les animaux chantent à leur manière un Noël d'Amour. Gabriel-Belot est un maître graveur, il manie le canif ou le burin avec une grande sûreté... Un Bénédictin, oui Gabriel-Belot fait penser à ces mêmes artistes qui mettaient leur art au service de leur foi...

Gabriel-Belot est peintre, et sa peinture n'est pas du tout peinture de graveur. Elle a des douceurs, des finesses, des subtilités même que les tailleurs de bois ne savent pas toujours conserver. Gabriel-Belot est très peintre; il s'épanouit dans les belles couleurs vives et fraîches, éclatantes dans la finesse ténue des gris très colorés...

André Warnod (*L'Avenir*)

***

...Gabriel-Belot montre avec la diversité de ses techniques, l'Unité de son œuvre. Qu'il peigne à l'huile, au lavis ou à l'aquarelle, qu'il dessine ou grave, la même admiration pour la Nature se trouve en chaque tableau petit ou grand. Portraitiste perspicace, il grave les traits de Romain Rolland, Han Ryner, etc. Mais, le paysagiste l'emporte, tour à tour subjugué par les grands arbres et la pleine campagne ou par les sites urbains. De ces derniers, ceux de Paris lui ont inspiré quelques descriptions très bien venues qui compteront parmi celles donnant l'aspect contemporain de notre capitale.

René-Jean (*Comédia*)

Gabriel-Belot :

...Un graveur à la fois visionnaire et réel, aux ressources multiples de xylographe et d'aquarelliste. Ses aquarelles ont une fougue et une affirmation vraiment entraînantes, et ses bois gravés en camaïeu qui reproduisent certaines en gardent tout l'effet brillant et impromptu. Les grandes planches en noir où l'Artiste s'inspire de la Majesté des forêts sont tout à fait satisfaisantes...

Il est bon d'aller faire connaissance à la « Maison des maîtres graveurs contemporains » avec Gabriel-Belot qui se trouve très à sa place sous cette estimée mais redoutable enseigne.

ARSÈNE ALEXANDRE (*Figaro*)

***

« Aimer », grave en une page divine Gabriel-Belot...

Et, quand nous quittons Romain Rolland ou Gabriel-Belot après être demeurés près d'eux un moment, soit que nous les ayons visités séparément ou ensemble, comme dans *Pierre et Luce,* notre cœur à son tour est plein d'amour, il est gonflé d'amour, il éclate d'amour.

CLAUDE AVELINE (*Vita*)

***

Si la beauté résulte d'une parfaite convenance des moyens relativement à une fin donnée, c'est tout naturellemnt que dans l'œuvre de Gabriel-Belot, nous la voyons maintes fois paraître. Celui-ci ne sait que son cœur. Cest un intempestif, un primitif... Le monde est demeuré, à ses yeux dans sa grâce enfantine. Chaque minute. à chaque pas, il le découvre dans la nouveauté... pas d'Art sans fraicheur de sentiment : avoir tout appris, disait notre cher et regretté Louis Nazzi, et puis tout oublier.

« Le Miracle ? N'est-il pas dans tes yeux qui savent refléter mon visage... N'est-il pas dans le battement de ton cœur qui s'émeut aux paroles de bonté... Le miracle, il est dans les pleurs que tu donnes en écoutant Beethoven, il est dans le sourire d'une bonne maman à son petit enfant et dans le regard d'un vieux chien demandant son chemin... Le miracle : mais c'est une belle tasse ! C'est une paquerette ! C'est un enfant qui dort ! C'est le souvenir plein de mystère d'un geste ! C'est un rayon de soleil étoilé d'insectes dansants... C'est l'angle d'un buffet où dorment trois pommes vertes... C'est cela un miracle, et c'est bien d'autres choses encore » (extrait de *Proses et bois*).

Ainsi Gabriel-Belot, avec les mots familiers qu'il faut, dit sa tremblante adoration pour tout ce qui vit... Des réflextions de ce genre, des œuvres plastiques qui les suggèrent, nous sont un rappel émouvant à notre humaine condition qui ne laisse point, on s'en aperçoit, d'être inquiétante... « L'Ile Saint-Louis », livre dédié à la Venise de Paris, est un poème grandiose et familier. Les textes, que l'Artiste a tracés lui-même dans le bois dur, se rehaussent de gravures où le trait est ferme, synthétique, sincère. Voici une œuvre de haute valeur. Lorsqu'il la créa, Gabriel-Belot travaillait le jour. Pour son labeur d'Art, patient, tenace et sûr, il renonçait au repos de ses nuits...

MAXIMILIEN GAUTHIER (*Le Carnet des Artistes*)

∴

Gabriel-Belot,

Imaginez un homme plein d'amour pour les choses et pour les êtres, et faites de cet homme un artiste émerveillé devant la vie. Tenez-le loin de l'humanité avilie et féroce, dénuez-le de toute pensée basse, de toute jalousie, et de toute ambition. Gardez-le du poison de la littérature. Inspirez-lui le dédain du métier mécanique, des recettes, de tout ce qui supplée au travail patient de la main et du cerveau. Qu'un tel homme ose s'exprimer, qu'il fasse un livre (*L'Ile Saint-Louis*). Il renouvellera l'effort des Primitifs. il créera non seulement son expression, mais aussi ses moyens d'expression, non seulement son art, mais aussi son métier. Il réalisera en soi le créateur complet; la trinité de l'ouvrier, de l'artisan et de l'Artiste.

Cet homme existe. Ce n'est pas un naïf imagier des temps anciens. C'est un contemporain. C'est un vivant. Un homme qu'il nous est permis de coudoyer, qui se meut dans notre banalité sans s'y confondre, qui en émergera bientôt, comme la haute cîme d'un peuplier sauvage s'élève au-dessus des arbustes soumis au sécateur du jardinier... Il vit en plein Paris, au XXe siècle, son nom est Gabriel-Belot...

...Je chercherai à vous montrer telle que je vous ai vu, Gabriel-Belot, tel que je vous regarde encore, dans ma pensée — un vivant, un fervent de l'Art héroïque, un créateur, un mâle et j'ai l'audace d'en jurer — un Homme !

PAUL DESANGES, (*La Caravane*)

Le Maître Imagier-Poète Gabriel-Belot.

La première fois que je connus Gabriel-Belot, ce fut en 1917, par *L'Ile Saint-Louis*. Ce rarissime livre, — musique de chambre à cinq instruments : blanc pur, ocre rouge et jaune, noir, et une phrase en bleu ciel (une seule ligne), pour finir. Gabriel-Belot était à la fois le Poète et l'illustrateur, le graveur des dessins et du texte — (Et quel magistral (inscripteur)! Qu'il eût superbement taillé au front des monuments de Rome les paroles de gloire !) — La douceur chaude, la tranquillité veloutée de ces harmonies était un concert inattendu, en pleine guerre, à quelques pas de l'obus qui, de l'autre côté de la Seine, détruisait l'église Saint-Gervais. J'eus de Gabriel-Belot l'impression d'une île sereine, comme cette *Ile Saint-Louis,* sa demeure et son symbole.

Plus tard, le rencontrant, je fus aussitôt attiré par sa chaleureuse bonté, « ce cœur envahissant, qui s'étale jusque dans l'humour », comme a écrit Han-Ryner, ses yeux clairs, sa physionomie, sa joie de voir et de goûter le spectacle du monde, de l'aimer et de l'œuvrer. Tout plein de mon *Colas Breugnon,* qui venait de paraître, — le maître-ouvrier de la vieille France, le maître du gai savoir et de la beauté qui rit, je crus le retrouver en Gabriel-Belot; et l'analogie se précisa, quand je lus la page liminaire de l'Album: « Pour être heureux (1): Un vieux mur, une palissade vermoulue, une jarre de lait et du pain bis, quoi de plus pour être heureux ?... Contempler le ciel, ...écouter les nids et comprendre leur langage, ...caresser le velours d'une mousse, boire le soleil d'un bouton d'or, et dire : Merci, arbres, nids et fleurs, vous êtes tous en moi et je suis bien heureux... »

A la longue seulement, je découvris chez Gabriel-Belot le cœur nostalgique, l'Artiste dont « Le métier » est, selon son aveu, le rythme d'une pauvre vie d'enfant blessé, et qui a gardé, toute sa vie, en effet, la blessure d'une enfance meurtrie... Je recommande à tous les lecteurs le touchant récit : Une Brute (2), qui avec un art sobre et une sensibilité aiguë, — car, à ses bons moments, l'écrivain, chez Gabriel-Belot, n'est pas inférieur au dessinateur — représente un petit Poil-de-Carotte, sans ironie, sans défense contre la brutalité du sort et de la famille, — si ce n'est la baguette magique de l'Art qui, déjà, à son insu, transfigure ses douleurs et jusqu'à ses pleurs d'enfant...

« Grondé, battu, ...cela devenait très beau, car mes pleurs faisaient briller la table, et mes larmes accrochaient des diamants sur les bouchées de pain... » (Une Brute). Alors, je compris que

(1) *Pour être heureux*, chez René Helleu, 1919.
(2) Texte et illustrations de G.-B. chez d'Alignan, 1920.

ces œuvres aux titres de joie : *Le Bonheur d'Aimer* (avril 1917), *Pour être heureux* (1919), cachaient une tristesse vaincue, et que le bonheur exprimé était un bonheur conquis sur le destin...

« Donne la main à tous, que l'univers soit en toi, et tu seras heureux » (Une brute).

Ce bonheur-là, mon *Colas de Clamecy* le connaissait aussi, entre temps, de loin en loin, — quand, après avoir âprement savouré la mélancolie de l'amour perdu et des années irrémédiablement écoulées, il s'endort sous un arbre, et se réveille courbaturé mais excultant des chants et des espoirs du jour nouveau chap. V-Belette). Mais mon Bourguignon salé compain du Roy Henry, était moins tendre et plus raillard que ses deux rejetons du xxe siècle, — l'écrivain et le graveur, Rolland et Belot, qui tous deux, au cours du pèlerinage des siècles, ont passé par les terres trempées d'émotion romantique, Rousseau, Beethoven, le lyrisme et la musique...

— Je présente aux lecteurs ce chef-d'œuvre d'harmonie, — le *Colas Breugnon* de Gabriel-Belot. Certes, il abonde en bien des qualités diverses : humour et poésie. Mais il est, avant tout, musique : C'est son charme essentiel. Il offre cette originalité singulière d'une succession de tonalités, variant en s'enchaînant, de chapitre en chapitre, soit par la loi des contrastes, soit par celle des parentés, et transposant en couleurs l'atmosphère morale de chacun des quatorze récits. Il y a là comme un chant qui module, entre deux grands accords, — l'un en rouge au début (Le Colas qui boit), l'autre, à la fin, en or (c'est fini...)

...Dans cette riche et plaisante atmosphère musicale se déroule la fantaisie de « *l'Imaginateur* ». Entre tous les sujets, Gabriel-Belot est maître incontesté de deux : l'enfant et le paysage ; et l'on sent qu'il en connaît tous les secrets mouvements, les gaucheries délicieuses, les moindres plis de ces petits corps mal dégourdis, petits sacs à tendresses et à malices. Que l'on savoure la petite Glodie en capuchon, sur la colline de neige, montrant de son index l'alouette du Printemps (*Colas Breugnon*, pages 16-17) et la couvée de marmots piaillant et se culbutant avec le chien, l'âne gris, les poules et le cochon ! (*Colas Breugnon* p. 4-5).

Quand aux paysages « arbres, nids et fleurs, vous êtes tous en moi », — la propriété de Gabriel-Belot, ce sont surtout ceux de la France du centre, les vastes horizons, les molles ondulations, cette nature libre et large, heureuse et paresseuse, que n'oppresse aucune limite, aucune muraille abrute, cette terre que le ciel baigne et baise tout de son long étendue, où les routes droites se déroulent, sans que l'on soit jamais pressé d'arriver car chaque talus fleuri, chaque ombre d'arbre est le but. « Tout est bon, tout est bon ! Compagnons, le monde est rond... » chante Colas Breugnon. Gabriel-Belot était fait pour épouser le charme de mon petit Nivernais ; et j'ose dire qu'il l'a immortalisé. Clamecy ne se doute pas encore de sa chance. Il l'appréciera plus tard. Gabriel-Belot a transmis aux générations futures l'image nonchalante de « la ville aux beaux reflets et aux souples collines », ses rivières, ses canaux, la finesse fleurie de ses printemps, le bonheur engourdi de ses étés, et la paix de ses toits neigeux dans les nuits d'hiver...

...Merci, Colas Belot ! Je n'avais jamais douté de l'existence de mon Breugnon. Je l'ai écrit sous la dictée bavarde et exigeante du grand-père. Mais le voici lui-même, l'aïeul, qui ressurgit... « Bonhomme vit encore ! » Il me regarde par vos yeux, et par nos yeux il « savoure la vendange des jours » que nous vivons. Il n'y a dans votre tableau de la fin qu'un verre pour « les trois Colas ». Mais le verre n'est pas petit. Et les trois n'en font qu'un.

ROMAIN ROLLAND (Revue *Byblis*)

***

N'est-ce pas miracle en vérité de constater qu'au milieu de la tourmente de feu et de sang, les probables intelligences qui veillent aux dessins de la Planète aient voulu sauvegarder l'existence d'un Gabriel-Belot après lui avoir permis au milieu d'une vie farouchement dure, de se développer exclusivement selon sa norme propre ?

Au moyen âge, un tel Artiste se fut réfugié vraisemblablement dans quelque Thébaïde où il eût œuvré dans le recueillement sans avoir trop à peiner pour son pain quotidien. Au XXe siècle, il a dû sacrifier des nuits au rêve qui le hante et qui veut partager la Beauté comme un pain de consolation entre tous ceux qu'il aime...

Gabriel-Belot incarne bien en lui seul l'Artiste complet, l'Artiste de toujours, celui qui n'a besoin de personne pour concevoir sa mission, aussi bien que pour la remplir, et qui, *sans prendre garde à l'époque où il est né,* œuvre en plénitude, soit au sein des cavernes préhistoriques, soit à l'ombre des cathédrales, soit au milieu du fracas contemporain des moteurs...

Gabriel-Belot ne pouvait faire autrement que de consacrer le meilleur de son génie à la Forêt...

...N'a-t-elle pas abrité la naissance des contes de fées, et la symphonie des voix innombrables ?.. N'a-t-elle pas inspiré à travers les siècles les vocations les plus pures?

Ames des Arbres, à travers les métamorphoses, vous vous souviendrez des jours où le soleil baignait vos ramures vivaces. Il n'est pas de sacrifice auquel les arbres ne soient prêts. L'heure est venue, ils se donneront pour sauvegarder le pauvre ; leurs membres serviront à faire flamber le feu généreux. Ainsi cuiront la bonne soupe et le bon pain; ainsi se réchauffera l'aïeule engourdie et s'illumineront les visages d'enfants aux menottes grelottantes...

Puis la fumée montera en volutes légères et l'âme de la Forêt ira se perdre dans les hauteurs, plus loin que n'atteignent jamais les cîmes vivantes. Tel est l'hymne que chante Gabriel-Belot peintre et graveur et prosateur lyrique. Mais qui saura détailler les inflexions extasiées de sa voix mâle et pure ? D'un seul coup, il est allé, semble-t-il, plus avant dans l'intimité de la nature que le maladif Sénancour, le rêveur d'Obermann que Maurice de Guérin, berçant de songes païens son inquiétude nostalgique ou que l'auteur de *Walden,* le délicieux Thoreau, émule d'Emerson.

Gabriel-Belot rejoint le vieux Valmiki du Ramayâna, lorsque ce dernier nous emmène sous les branches à la suite de Rama et de Sita en exil; mais l'aède hindou est esclave d'un thème légendaire, et il ne fait que passer ébloui à travers la gloire souveraine de la Forêt. Gabriel-Belot s'y attarde, et seul le portugais Guerra Junqueiro, dans *Simples* semble avoir exprimé quelque chose de ce qui confère aux proses lyriques de l'artiste français leur signification profonde et singulière...

...Pour moi dont la pure consolation réside dans le mouvement naturel et harmonieux des choses, et qui n'ai pas voulu vivre ailleurs que parmi les arbres, je me sens trop profondément ému devant cette œuvre pour refuser de le dire publiquement.

Aurai-je trouvé les mots qui conviennent ? Aurai-je réussi à me rendre assez inactuel ? Je ne sais.

En tous cas, dans l'Artiste, j'aurai désigné l'Homme. Et les vieux « ymaigiers » de jadis, endormis dans leurs tombeaux séculaires, auront longuement tressailli en reconnaissant leur petit neveu.

PHILEAS LEBESGUE (*Les Humbles*)

∴

...J'aime infiniment vos dessins rehaussés, dont quelques-uns m'ont fait penser à la candeur puissante de Rembrandt...

ELIE FAURE

Bois en camaïeu, pour L'Imagier de la Société de la Gravure
sur bois originale 0,22 × 0,16.

...Gabriel-Belot, fervent artisan et sensible artiste sait imposer à ses paysages, comme à toutes ses compositions, une sincérité vivante et joyeuse, une sorte d'animalité compatissante envers tous ces spectacles de la nature qu'il ordonne sans rigueur et qu'il peint avec amour.

MAURICE RAYNAL (*Intransigeant*)

∴

...Gabriel-Belot, un des rares artistes complets que je connaisse. Et quel amour de la vie, quelle santé robuste, quelle verve dans les belles pages, compositions lyriques et ferventes...

J.-F. LOUIS-MERLET (*L'Ere Nouvelle*)

∴

Il revient à la maison des maîtres graveurs contemporains le mérite et l'honneur d'avoir présenté pour la première fois au public un ensemble (peintures, gravures et livres) de Gabriel-Belot. Sans doute son dédain des coteries et des diplomaties valut-il longtemps à cet artiste un genre de méconnaissance dont l'avenir tire à coup sûr les réparations les plus éclatantes. Encore est-il que demain nul ne pourra plus décemment feindre d'ignorer *un créateur* qui, sans aucun maître et sans autre Dieu que son panthéisme intérieur, sut élever au prix de luttes souvent cruelles, un tel monument de foi.

...Peintures qui, à une époque où l'on s'interdit de rien finir êtes achevées, mais où la sensibilité ne persiste pas moins entière; tableaux dont les couleurs atteignent à la fluidité et à l'éclat des Primitifs; vous qui offrez l'attrait complexe d'une œuvre à la fois plastique et musicale, quel regret que mon étroit domaine ne s'étende pas jusqu'à vous !

Gravures dont la science n'altère pas la naïveté, dont la technique ne réduit point l'ampleur; estampes qui composez une harmonie du spectacle naturel et de l'émotion humaine ; vivant commentaire, inscrit sans pédantisme dans cette matière vivante qu'est encore le bois... Vous du moins m'appartenez davantage, qui annoncez déjà le décor du livre. Mais quel livre sait exprimer le mystère de « La Nativité » avec assez de candeur et de piété pour que son texte ne patisse point au voisinage de cette gravure au burin ? Et quel amant de la Forêt l'honora jamais d'un poème égalable à cette série au canif qui va de l'Orage, ...jusqu'à cette planche géante et symphonique *L'Ame de la Forêt?*

C'est qu'ici Gabriel-Belot, solide plante humaine, s'enracine profondément dans sa terre natale : Il aime particulièrement le végétal et ne conçoit guère de différence entre la sève et le sang. Les arbres, les fleurs, les fruits, êtres de toute bonté comme il les appelle, sont en accord secret avec sa sensibilité respectueuse de la vie universelle. Dans son œuvre tout se tient, du végétal — et même du minéral — à l'homme. Ne s'identifie-t-il pas pleinement au chêne, ainsi que lui touffu, robuste et vibrant ?

Cependant les exigences de la vie moderne contraignirent ce Sylvain à habiter Paris. Trop vigoureux pour s'y étioler, il y élut, entre tous quartiers, pour ses perspectives d'eau, de ciel et de verdure, cette Ile Saint-Louis où il demeura et dont, en dépit des envieux et des singes, il reste aujourd'hui le seul iconographe. Il s'est donné à l'Ile qui ne lui fut point ingrate : Une importante partie, tant peinte que gravée, de son œuvre en témoigne. Mais surtout ce fut elle qui inspira à Gabriel-Belot son premier livre, édité par lui-même en 1917.

Ouvrage presque unique à notre époque et qui nous ramène à l'ère des incunables prétypographiques, *L'Ile Saint-Louis* forme un volume entièrement écrit, dessiné, gravé et imprimé de la main de l'auteur. C'est un authentique xylographe, restitué sans archaïsme ni pastiche, mais dans un esprit à la foi moderne et traditionnel. Chef-d'œuvre de patience et de confiance, ce livre constitue aujourd'hui une des plus singulières raretés de l'édition moderne...

...Mais, n'avez-vous pas mon cher Gabriel-Belot, écrit quelque part vous-même, ce profond aveu : « Ce qui est enclos en ces pages n'est pas littérature, c'est le plain-chant d'une âme qui se souvient... »? Et cela me dispense de conclure.

MAURICE HEINE (*La Vie*)

***

Gabriel-Belot est un panthéiste. Il a trouvé dans les forêts et les plaines le meilleur de son génie. C'est un être généreux, animé d'une ardente conviction. Il tient à la fois de la terre et du ciel ; il renonce et désire en même temps, il est ascète et passionné. Il semble né aux temps médiévaux, alors que les moines travaillaient des ans au même labeur d'enluminure. Gabriel-Belot paraît puiser la force de son art à même la terre, la sève gronde en lui, il passe dans la vie comme un souffle et restera, à travers les âges futurs comme un élément de la Nature, son art est universel...

...Que Gabriel-Belot écrive, illustre, grave, tire un livre lui-même, voilà qui nous émeut. Mais qu'il fasse passer dans ses proses un vent de poésie, qu'il mette dans ses illustrations le style des grands imagiers, qu'il taille le bois avec autant de précision que de volupté, qu'il tire somptueusement ses ouvrages en des matières recherchées, voilà qui nous comble de joie. Il y a là non seulement l'immense travail d'un homme de métier, mais, de plus, l'effort imposant et grandiose d'un artiste... Ses planches sont d'une immense conception.

...Il met, sans envisager la facture, qui est d'une extraordinaire finesse, une profondeur d'expression qui laisse loin derrière elle la fausse sensibilité des grandes œuvres modernes...

...Gabriel-Belot sait être en même temps qu'un grand dessinateur, un peintre, maître d'une riche palette sachant créer des harmonies, établir des valeurs et enclore son œuvre dans un style d'une sévérité imposante.

« Si tu n'aimes pas, tu souffriras » pense Gabriel-Belot, et toute son œuvre est un chant d'amour. A travers ce travail ardu, de chaque heure, de chaque minute, monte un chant d'allégresse, un cantique à la Nature.

...Gabriel-Belot aime son art, il le porte en lui sous le sein gauche, il l'offre comme le Christ offrit sa vie à l'humanité, mais avec le sourire merveilleux d'un enfant qui, à chaque pas, découvrirait les merveilles du monde.

Arsène Heuze
(Journal *La Meuse à Liège*)

*
* *

Extrait d'une conférence de Han Ryner sur Gabriel-Belot, prononcée à la Galerie la Boétie, *le* 23 *janvier* 1919, *à l'occasion d'une exposition de l'Artiste en cette galerie.*

...Gabriel-Belot me fait penser au mot de Pascal sur le ravissement que nous éprouvons lorsque croyant nous trouver en présence d'un écrivain, nous nous sentons en présence d'un homme. Quel que soit son moyen d'expression c'est toujours le même homme qu'il manifeste. Gabriel-Belot est un Poète qui parle plusieurs langues, mais en qui rayonne toujours la même poésie.

Qu'il se serve du crayon ou du pinceau, de la plume ou du

burin, toujours sa sincérité profonde exprime les mêmes pensées, les mêmes sentiments, les mêmes émotions...

...Mais, — tempérament classique — lorsqu'il éprouve une émotion visuelle, il éprouve à la fois une émotion humaine, — tempérament classique — il voit dans la beauté formelle un signe ou un symbole d'une beauté morale. Il écarte avec soin les détails insignifiants pour donner toute sa valeur à ce qui est vraiment essentiel. Or, ce qui est essentiel chez lui, c'est dans une grande mesure, la pensée, dans une mesure plus grande encore, l'émotion.

Ainsi l'Art de Gabriel-Belot, art sans ruse, j'allais presque dire sans métier. Mais non, l'art de Gabriel-Belot s'appuie sur un métier très personnel, très original. Une forte technique permet seule d'exprimer contagieusement ses émotions profondes et sincères, permet seule de faire de l'Art avec de la « Vérité », voici comment lui-même exprime ses idées en s'adressant à un jeune ami qui se propose, lui aussi, de graver sur bois. Timides conseils:

« Avant toute chose, possède bien ton sujet, ne te presse pas, « ne grave que ce que ton cœur te dictera... Aime passionnément « ce que tu désires tailler dans ces fibres dures,... aime avec l'émotion de ton « premier amour » et tremble de ne pas donner « suffisamment à cette matière sensible ce que tu lui dois... Ne « pense pas que le métier soit le sommet de l'Art et ne confonds « jamais calligraphie avec « Savoir ».

« Eh oui ! Je le sais, sur ton chemin tu entendras des gens te « dire, les mains plongées dans leurs poches: « Moi, j'ai trouvé « la « formule », maintenant tout va bien... » Je sais, je les connais... « Méfie-toi, mon ami... méfie-toi de ton habileté. « La Patte », vois- « tu, on est toujours tenté d'en avoir beaucoup trop et cela au « détriment du cœur ...Méfie-toi de toi-même et, vivrais-tu autant « que la pierre ou l'arbre, tâche de rester, toute ta vie, inquiet « devant l'œuvre en gestation. Seule, cette inquiétude, ce grand « trouble continuel ouvrira la porte à « l'humilité », base néces- « saire pour l'envol vers la Beauté !...

« Pense, si tu veux être digne de toucher la matière la plus « vénérable que je connaisse, qu'il ne suffit ni d'avoir de bons « burins, ni d'avoir des pinceaux de martre, ni d'avoir un métier « trouvé par d'autres, ni d'aimer les êtres et les choses ; ce qu'il « faut, c'est savoir te faire aimer d'eux... En retour, ils change- « ront sous ton burin ton art en « Vérité » ! »

Ces conseils ne s'adressent pas seulement à l'artiste, mais à l'homme en général, car notre vie doit aussi être une œuvre d'Art. Ecoutez, simplifiés et généralisés les mêmes avertissements adressés à un enfant :

Lecture de Han Ryner « à l'enfant »

Ainsi cet art est uniquement la manifestation d'une âme. Ame à la fois simple et complexe, tendre et passionnée, sensuelle et sensible, joyeuse et douloureuse. Ce qui en forme le centre radieux, c'est l'amour... un amour soutenu plus que limité d'individualisme et de fierté. Mais ici encore Gabriel-Belot a exprimé beaucoup mieux que nous le pouvions faire son amour, son large besoin de se donner, ses fiertés aussi et ses reculs farouches devant certains êtres.

...Tantôt c'est le dessin qui a été réalisé le premier, tantôt c'est le texte, mais toujours texte et dessins ont été rêvés simultanément, ont souri à la fois aux yeux visionnaires, à l'esprit charmé, au cœur ému.

...Devant l'Art si simple et si pénétrant de Gabriel-Belot, je ne puis que répéter : « Allez voir, lisez, écoutez. Je vous dis encore : « Ecoutez. » Monsieur Emile Drain de l'Odéon, va nous lire avec son art souple et fort quelques pages du livre *Prose et bois* qui paraît aujourd'hui. Ecoutez ce que vous allez entendre, c'est le battement d'un cœur ! »

HAN RYNER

Cette conférence a paru dans la revue *Grammata*

⁂

...Peintre, graveur, écrivain Gabriel-Belot, est tout cela à la fois et mieux encore. C'est un homme qui au-dessus et par delà les modes d'expression, souffre, comprend, aime et « *fait aimer* ». Ce pourrait être aussi bien un musicien ou, surtout un sculpteur et peut-être le deviendra-t-il un jour. Son métier qui est immense. ne lui est pas un tremplin et encore moins un joug. Il grave des bois admirables, où la virtuosité se méfie d'elle-même, il peint largement et fortement des œuvres sereines où le métier veut s'ignorer ; il a écrit enfin des proses émouvantes et drues où la littérature n'a rien à voir et ce serait mal les comprendre que de l'y chercher. C'est un homme vous dis-je ! Le plus complet que je connaisse et dont l'art est simplement humain. Il serait impossible de le rattacher à quelque école, et difficile de rapprocher son nom d'un autre, à moins qu'on ne choisisse parmi les plus grands. Dire qu'il est moderne et vraiment il l'est, c'est énoncer un axiome, car tout grand artiste réalise la vérité de son temps.

Son œuvre est tout amour et pour vous conter congrûment l'histoire de son premier ouvrage : *L'Ile Sant-Louis,* je voudrais trouver des mots simples et comme chargés d'émotion, des mots d'aïeule qui, au coin du feu, dit les gestes des héros légendaires : Dans une de ces périodes douloureuses que la vie réserve aux meilleurs, las et désespéré, presque résolu à chercher la fin, il la voulut du moins féconde. N'ayant qui lui appartint en propre que ses nuits, il commença à graver, avec des moyens de fortune, dans un bois indocile et médiocre, les vieilles maisons, les rues, les berges de l'Ile Saint-Louis; puis il écrivit un poétique commentaire où revivait le berceau vénérable de Paris, et ce texte fut encore gravé dans le bois rebelle; ensuite il imprima lui-même avec une machine faite par lui, composa ses cahiers, les relia, fixa la couverture, son œuvre encore : Ce livre, sorti entier de son cerveau, de son cœur, et de ses mains, mérita dès lors, ainsi qu'il fut fait, d'être nommé un incunable typographique, il n'en mourut point, fut maître de son art et, par surcroît reconnu et aimé par l'élite...

...Gabriel-Belot est à présent dans la plénitude de ce que je me fais scrupule d'appeler son talent, car ce mot galvaudé ne dit ni sa force intérieure, ni son élan. Ses œuvres naissent abondantes, variées, chargées de vie significative...

JULES BOSMANT,
Article paru dans *Liège,* 26 déc. 1925

...Gabriel-Belot était connu comme graveur, je ne savais pas qu'il pût équilibrer un grand tableau décoratif avec ce goût, cette sûreté et ce sens moderne qui distingue sa *Sérénité,* œuvre très douce, calme et persuasive, d'un art libre sans hiératisme...

GUSTAVE KAHN
L'Heure, 3 nov. 1919. Salon d'automne

...L'effort de Gabriel-Belot échappe aux sujétions de la mode et de l'anecdote. Nous avons devant tant d'œuvres vigoureuses, délicates et profondes l'impression d'une fenêtre ouverte sur un monde enchanté, c'est un magicien qui nous révèle l'univers qu'il porte en lui, un univers animé par on ne sait qu'elle ferveur panthéiste, et parfumé d'une subtile poésie, celle même qui émane de l'innocence des choses.

Pour exprimer ce Naturisme pathétique, qui rend émouvants les jeux d'ombre et de clarté qui donne un sens humain à la torsion de ses arbres, Gabriel-Belot a dû d'abord acquérir cette maîtrise technique à la faveur de laquelle il n'est pas un trait qui ne signifie cette généreuse souplesse qui dissimule l'aridité du métier. C'est pourquoi son œuvre est si naturellement et si simplement éloquente.

A la fois naïf et savant comme un primitif, dans ses dessins au brou ou à l'encre de chine rehaussée d'aquarelle, une sensibilité secrète fait un poème de chacune de ses pages où se livre dans sa candide et limpide harmonie un paisible décor français et pour ne citer que ceux-là, quelle ampleur d'épopée dans *La Terre, Le dernier sillon!..*

Il faut citer dans ses gravures sur bois taillées au canif rehaussées ou non, les merveilles que l'artiste a créées avec un sentiment digne des imagiers gothiques : *L'Ame de la Forêt, Le chemin de la Biche,* l'étonnante *Adoration des bergers* (qui est un burin en camaïeu), *L'Orage, Le Chêne et le Roseau* entre beaucoup d'autres sont des œuvres magistrales, si riches et si pénétrantes qu'on ne se fatigue pas de les contempler...

Pierre Stellan
Journal *L'Express* de Liège

⁂

Gabriel-Belot « ce rude » graveur sur bois !

On comprend mieux l'épithète lorsqu'on a vu l'homme. Vivant, on le croirait sortant d'une toile flamande. Trapu, large, musclé en héros, les joues vives, il serait le « Roi boit » si on lui posait la couronne sur le chef, à moins qu'en vrai Bourguignon, il ne préférât tenir le rôle de Silène dans quelque jardin des Hespérides de Jordaens.

Alors qu'il était enfant encore, mais déjà grave au point que Beethoven le ravissait, son grand-père, à l'audition de la *Pastorale,* lui prit un jour la tête entre ses mains et murmura : « Regarde, petit comme cet arbre est grand ! »

Il aurait pu ajouter: « Et tu pousseras comme lui dans l'humus, tu seras comme lui une force élémentaire, tes racines plongeront profondément dans le sein terrestre, tu t'élèveras par la sève et, les jours de printemps, dans la vie tu auras une grosse tête feuillue de bon géant où les roitelets et les colombes viendront s'abriter.

Ton art, pareil à un moût de vin, se confondra avec la vie, tu seras l'homme de ton art et ton art sera l'expression de ta vie; il sera primordial, élémentaire, primitif, gothique dans sa force. Tu retourneras d'instinct vers les sources élémentaires d'inspiration, les grandes puissances, les grandes amours. La Nature sera pour toi un thème inépuisable où s'unira l'orage des passions à la candeur de l'innocence. La Forêt chantera en toi comme une symphonie, tu la parcourras comme Beethoven, dans les éclairs et les chants ailés. Où les autres n'auront vu qu'un paysage, tu verras un monde, une force cosmique, un profond état d'âme. Tout se transposera en puissance sous ton cœur tumultueux et ta main artisane. Tu ne sympathiseras qu'avec les maîtres; ta pensée panthéiste, philosophique, universelle, embrassant tout d'une même ironie, ou d'un même amour, ne pourra que rejoindre celle de ces phares. Tu ne comprendras que leur grande œuvre parce qu'elle contient l'univers. Rembrandt, Dürer, les grands primitifs du paysage seront tes Dieux. Tu retrouveras leur lumière, leur idéalogie et l'âme pathétique de leurs sentiments. En te lisant on pensera à eux. On pourra dire de toi que tu es un gothique revenu parmi nous qui retranspose leur âme sur un plan moderne.

Tu reprendras la matière des premiers xylographes et du canif, comme un simple berger qui serait artiste, tu tailleras dans le bois dur des images héroïques et naïves.

Et sous ton âme immense, on sentira palpiter le cœur de l'homme, celui du pauvre pêcheur dénué dans sa barque, celui du saltimbanque qui moud de l'orgue, jusqu'à celui du Christ qui saigne, écartelé sur la croix, par dessus la folie humaine.

...Au poète qui est en toi, tu diras que le métier est vain, pour mieux écouter ton chant intérieur, et à l'artisan, tu diras que la science est précieuse au plus haut point, pour que jamais elle ne t'embarrasse.

Et tu voudras que tes connaissances soient belles pour que mieux resplendissent, à travers elles, les éclats de son âme innombrable.

Aucun mode ne te restera étranger, tu t'exprimeras par le bois, le cuivre, le canif, le burin, le crayon, la plume et le pinceau, du coup, t'appuyant sur Cézanne, le dernier grand novateur, tu le dépasseras et tu feras dans la couleur que tu voudras pure comme gemme et translucide comme Lapis d'harmonieuses symphonies.

Quoi que tu produises, tu soumettras la Nature à ta fantaisie parce que tu es, ton trait ploiera les branches des sapins à ton

EX-LIBRIS

ad altū

MARC ELDER

rythme, tes planches distribueront les lumières à ton gré, le couteau coulera la couleur suivant tes intentions et en cela tu resteras fidèle à la Nature qui est la seule vraie école et à toi-même qu'il ne faut jamais trahir. Ainsi, mon fils, tu seras Gabriel-Belot, un Maître ! »

MAURICE KUNEL,
Journal de Liège (Fondé en 1764)

***

A propos d'une exposition d'ensemble de Gabriel-Belot aux Anderson Galleries à New-York.

...Gabriel-Belot doué intensément, possède une diversité peu ordinaire, l'on peut dire sans crainte d'exagération qu'il réalise heureusement en toutes ses œuvres car, non seulement il illustre des livres précieux, mais encore il a le don de l'écrivain puisque lui-même écrit des livres (*L'Ile Saint-Louis,* incunable typographique, *Le bonheur d'aimer, Proses et bois, Une Brute*... etc.) Les gravures sur bois sont puissantes et décoratives tout en restant d'une liberté qui semble paradoxale en xylographie, elles semblent faites sans effort et, n'est-ce pas là, la marque de la véritable œuvre d'art?

...Nous ne croyons pas trop complimenter ce bel artiste en disant que ses dessins rehaussés d'aquarelles sont déterminés et pleins d'autorité tout en sachant rester sobres de traits et de couleurs, tous, sont baignés avec hardiesse par une étonnante lumière.

Il serait tout à fait agréable de revoir à nouveau une exposition des œuvres de ce bel Artiste.

Extrait d'un article de *The New-York Sun.*

***

...Avant tout Gabriel-Belot est un coloriste de premier ordre, ses dessins nous ont laissé une magnifique impression de plénitude. Mais la partie importante de son exposition et que nous aurions désiré tant revoir consistait en vitrines de livres où Gabriel-Belot a figuré comme dessinateur, graveur sur bois et même poête, car il est bon de faire connaître que Gabriel-Belot est non seulement un artiste mais aussi un artisan et de plus un poète... Ces capacités rares, lui donnent une puissante originalité doublée de distinction et de mesure...

New-York Herald Tribune

***

Master engravers Woodcuts Shown.

...Les amateurs trouveront aux « Anderson Galleries » une splendide collection de bois, aquarelles, dessins et livres illustrés par Gabriel-Belot...

...Dans son œuvre, on ne sent pas la contrainte du graveur sur bois : un mélange de pensées originales, toujours neuves et d'un grand sentiment exprimés par son esprit lucide et traduit par un burin ferme, oblige la critique à dire de l'œuvre graphique de l'Artiste que c'est un dessin spontané traduit en gravure...

...Dans la collection exposée aux « Anderson Galleries » la complexité des temps modernes est exprimée par une technique pleine d'invention; on y voit les qualités rares d'un solide dessin unies à la puissance du bois, preuve éloquente d'un effort sérieux de la part du maître graveur d'avoir désiré exprimer notre époque avec les moyens primitifs d'une autre. (Ici, il est fait allusion à l'époque des xylographes du Moyen âge — *Note du traducteur*).

Parmi les gravures qui vibrent d'une émotion profonde et pathétique, il faut citer hautement cette symphonie en blanc et noir : *L'Ame de la Forêt,* où se trouve réunis la force technique avec les plus forts sentiments d'universel amour...

Extrait du *New-York Times*

***

...Je ne sais rien de plus réconfortant que le spectacle — oh ! très inattendu — des Proses du probe imagier Gabriel-Belot, ces proses harmonieusement cadencées, musicalement disposées. On dirait d'un beau canon d'autel. Les bois, qui, souvent les encadrent reflètent avec une pieuse émotion les mille insignifiances qui font, interprétées par un visionnaire maître de sa rétine et de ses nerfs, ces spectacles si criants de vérité qu'ils font monter aux yeux les plus ironiques de douces buées...

A ceux qui doutent du présent, émerveillés par la splendeur

du passé, je dirai comme l'ange à Augustin : « Prenez ! Lisez ! Voyez tout ce qu'un sincère, un simple, oublieux des contingences et des traditions commerciales, a su créer avec un peu de couleur, de noir et de blanc ». Le temps des beaux livres refleurira...

J.-J. BROUSSON
Excelsior

⁂

L'Album *Pour être heureux,* édit. Helleu.

...Je vous retrouve là, tout entier, avec vos belles qualités de graveur qui sait faire parler une taille, et de penseur ému, qui sait traduire son émotion. Vous possédez un métier et une âme simples, mais d'une simplicité pleine de science, pour l'un et de passion pour l'autre. Cette simplicité n'appartient qu'aux riches... Vous êtes en pleine force et vos bois *sont des bois,* non des dessins au pinceau découpés dans du bois. J'apprécie beaucoup cela, vous le savez, et je suis content quand je rencontre un vrai graveur, à côté de tant d'autres qui ne se doutent même pas de ce qu'est la gravure...

...Gabriel-Belot, dont la verve xylographique est énorme, taille le bois avec la même aisance qu'il dessine ! — il est très capable d'improviser toute une composition sur le buis ou le poirier. La truculence l'excite !...

CLÉMENT-JANIN
La Revue de l'Art ancien et moderne

⁂

...Dans ces temps de mercantilisme éhonté, de surenchères artistiques et d'universelle misère, vous prenez Gabriel-Belot, toute la valeur d'un symbole : *L'Artiste vainqueur !...*

MAURICE WULLENS
Extrait de la Revue *Les Humbles*

⁂

...Rend-on suffisamment justice à cet artiste ? Je ne le pense pas, composant ses recueils page par page, gravant à la fois les images et les lettres du texte, il offre ce cas presque unique de demeurer dans la plus vénérable tradition de la xylographie, sans essayer pour cela, de demander au passé son inspiration qui est, au contraire, très personnelle et d'une pénétrante poésie. Faut-il rappeler son livre consacré à l'Ile Saint-Louis et ce délicieux recueil que publièrent MM. René Helleu et Sergent, *Pour être heureux* ?

...Bref, chose bien rare, chose si rare, un poète a été traduit par un lyrique de l'image. Gabriel-Belot, en épousant les divers sujets des *Chansons de Miarka* de Jean Richepin, cela sans les dépasser, a su créer l'atmosphère de ce volume, obtenir sa vibration visuelle, si vous me passez l'expression, et, je m'étonne que l'on ne cite pas plus souvent *Les chansons de Miarka* parmi les beaux livres de notre époque. Il est vrai que l'on a longtemps et absurdement dédaigné *L'Histoire des quatre fils Aymon,* illustrée par Grasset, *Les Contes drolatiques* de Balzac illustrés par Gustave Doré...

A. de Bersaucourt
Extrait de la revue *Les Marges*

⁂

Gabriel-Belot, inspiré des muses et des arts, est un solitaire et un amant de la Nature. Aussi la fortune du monde à qui il n'a jamais sacrifié l'a classé, avec un dédain qui cachait une secrète jalousie et un certain amour, comme misanthrope.

Ce que Gabriel-Belot peut avoir perdu ainsi en renom il l'a regagné en sincérité; et, à l'heure où tant d'artistes ne sont que des faiseurs et des mondains, il est réconfortant de voir quelques esprits élevés qui sont animés de cette patience, murie comme un beau fruit par les rayons intérieurs, dont Vinci a dit qu'elle était la source du génie, d'un siècle où il était plus aisé de la pratiquer...

Si l'extérieur de Gabriel-Belot trahit sa limpidité d'âme par une tenue dont le caractère fruste favorise les gestes amples et éternels du travail, par une barbe de mage assyrien ou d'anachorète, son œuvre reste digne de ces puissants antiques dont il a le type comme aussi la candeur de sentiment.

Restaurateur de l'Art ancien de la gravure sur bois, Gabriel-Belot a su y apporter une note nouvelle dont le moins qu'on en puisse dire est qu'elle repose sur une volonté peu commune...

Et, ce n'est pas seulement comme dans *L'Ile Saint-Louis* ou *Proses et Bois* l'œuvre du graveur qui est digne de notre admiration, mais aussi le fond de l'esprit dont les proses respirent une poésie de qui la limpidité n'a d'égale que dans les peintures de celui qu'on peut appeler sans se tromper un Maître.

Au milieu des flots de l'âge barbare où nous vivons et que

caractérise l'industrie et le culte de l'or, Gabriel-Belot conduit la nef tranquille et chargée d'offrandes de sa conscience ouvrière et de son culte de la Bonté sensible dans le Beau, comme cette divinité qui conduisait les défenseurs de la Vertu méprisée devant Troie dépravée et opulente...

P. B. Ségès
Extrait du catologue de présentation de l'exposition Gabriel-Belot (Galerie la Boëtie)

⁂

Cher Gabriel-Belot, comme vous savez bien dire ce qu'il faut pour que ce soit bienfaisant et réconfortant! — J'ai vu ce matin, la maquette d'un de vos prochains livres — C'est beau et c'est bon...

Steinlen

⁂

...J'ai reçu votre bon et beau livre *Une Brute* qui est « vous » dans la rayonnante et misérable enfance. Ce n'est pas de la littérature cela !... C'est direct !... C'est de la vie farouche, simple, et grande, habillée juste de quelques mots qu'il faut pour se communiquer aux autres. Vous avez cher Gabriel-Belot le secret de ces mots. Il n'y a que vous qui puissiez avoir ces « raccourcis » étonnants, et ces perspectives d'immense horizon qu'ouvre un verbe, un adjectif, un rien... Savez-vous que cet art d'écrire rejoint étonnamment votre art prodigieux de dessin ?...

Gaston Roupnel
Auteur de *Nono*

⁂

L'Art de Gabriel-Belot est un art vivant et sain. C'est un art très grand, inspiré des choses immuables et belles de la Nature, un art sans apparat. C'est un frais jardin dans le printemps. Voici un gros bouquet de roses d'un rose solide et gras. De quelle riche terre ces roses sont-elles sorties ! Gabriel-Belot aime les arbres. Les poètes les aiment, il en a surpris trois qui balbutient là-haut des histoire de Ciel, alors qu'au loin des nuages blancs passent heureux ainsi que des anges. A leur pied bouillonne l'or des blés. Le tableau *Le Moulin* est un travail profond : l'orage arrive au loin en un halo de clarté, bloqué au centre du tableau, un peu à la manière des maîtres hollandais, et tout autour l'ombre et la lumière en dégradé donnent l'impression du silence et de l'effroi des choses...

La Nature sait toujours reconnaître ceux qui furent vraiment les siens. Elle porta Corot à la gloire, lui qui ne pouvait faire danser en rond ses femmes souples qu'aux rives des lacs musicaux, quand le matin tirait ses rideaux. Et Millet ne fut jamais oublié d'elle, lui qui sut peindre seulement entre le silence des champs et celui des cieux, elle a reconnu Gabriel-Belot qui la chante avec tant d'amour et de respect; aux hommes, maintenant de l'aimer au travers des œuvres de ce fervent artiste...

H. L. Fankhauser (*La Rampe*)

***

...Votre talent est exquis, plein de réalité et de poésie intimement mêlées ; tout à la fois vous exprimez la Nature des choses et vous dégagez leur âme. De plus, vous avez reçu le don de l'écrivain, de l'écrivain qui « illustre » si délicatement les œuvres de l'Artiste...

J. H. Rosny aîné

***

...« Quand l'âme aperçoit dans un objet l'ordre et l'harmonie — nous dit Plotin — elle reprend conscience de sa propre nature, elle se réjouit, elle s'exhalte. La vue des belles choses produit sur elle un effet doux ». Ceci dit, à propos de *l'Ile Saint-Louis,* incunable typographique écrit, gravé et tiré par Gabriel-Belot, sur une machine qu'il inventa à cette occasion !

Ainsi se trouve réalisée la radieuse ambition de l'artiste de se donner jusqu'à la dernière miette.

Et c'est pourquoi les productions de Gabriel-Belot sont une manifestation éthique presque autant qu'esthétique, une sorte d'invitation discrète et choisie (Comme il est entendu dans *L'oiseau bleu*) vers le bonheur d'aimer; et c'est du reste le titre d'un de ses livres.

...Quel que soit le chemin parcouru, Gabriel-Belot, grâce à Sirius, n'est encore au terme du voyage. Son expérience qui n'a fermé le cercle nous réserve maints motifs encore, nous comblant de la joie de souscrire à sa Gloire !

Banville d'Hostel (*Le carnet critique*)

TABLE DES CHAPITRES

Bois en deux planches
41×34

TABLE DES ILLUSTRATIONS

TABLE DES HORS-TEXTE

LES

Petits Maîtres Français

De nombreuses collections de livres sur les beaux-arts s'entêtent à célébrer pour la millième fois et sans merci les mêmes grands noms : il n'existe cependant aucune collection consacrée aux « Petits Maîtres », si nombreux, en particulier, dans l'histoire de l'art français.

C'est pour combler cette lacune que M. Louis Thomas a eu l'idée de créer une collection des Petits Maîtres Français, consacrée à ces artistes charmants, parfois géniaux, que l'on voit expédiés en quelques lignes dans les histoires de l'art, tandis que les collectionneurs avisés recherchent leurs œuvres, en voyant leur qualité, leur charme, et que, souvent, leur valeur marchande augmente avec la plus grande rapidité. Un ouvrage, consacré à chacun de ces artistes sera, la plupart du temps, une révélation pour nombre d'amateurs d'art, et surtout pour le grand public.

Les premiers volumes seront :

CONSTANCE MAYER, par Edmond PILON.
GEORGES MICHEL, par Léo LARGUIER.
LIOTARD, par François FOSCA.
JEAN BAFFIER, par Georges DUCROCQ.
AMAURY DUVAL, par Jean-Louis VAUDOYER.
PRADIER, par Pierre LIÈVRE.
LE MAITRE DE MOULINS, par Seymour de RICCI.

Les auteurs dont M. Louis Thomas s'est assuré la collaboration, se sont efforcés non seulement de faire revivre l'artiste choisi, mais de décrire son œuvre et d'évoquer le milieu dans lequel ils ont vécu.

Imprimés sur beau papier dans le format in-16 colombier, les volumes seront illustrés de nombreuses reproductions.

Prix : **20 francs sur vélin Alfa.**

Il sera tiré, en outre, 30 exemplaires numérotés sur pur fil Lafuma : **100** *francs.*

André DELPEUCH, éditeur, 51, rue de Babylone, PARIS (7e)

ACHEVÉ D'IMPRIMER LE 8 MAI 1927
SUR LES PRESSES DE JACOUB & Cie,
23, RUE DE LA MARE A PARIS (20e).

www.ingramcontent.com/pod-product-compliance
Ingram Content Group UK Ltd.
Pitfield, Milton Keynes, MK11 3LW, UK
UKHW020304180726
13839UKWH00001B/370

9 782329 563503